KB040830

이토록 치밀하고 친밀한 적에 대하여

이토록
치밀하고 친밀한
적에 대하여

나를 잃어버리게 하는
가스라이팅의
모든 것

신고은 지음

샘터

차례

그대 앞에만 서면 나는 왜 작아지는가

김수희의 노래 〈애모〉에는 이런 가사가 나옵니다. "그대 앞에만 서면 나는 왜 작아지는가." 사랑하지만 이룰 수 없는 사람 앞에서 우리는 작아지는 느낌을 받습니다. 하지만 사랑과 별개로 내가 쪼그라드는 느낌을 주는 사람도 있습니다. 내가 무언가 잘못하고 있다는 생각, 어쩐지 내가 틀린 것 같다는 생각을 갖게 하여 묘한 불편감을 주는 사람이지요. 이런 사람과 함께하기 시작하면 나도 모르게 주눅이 들고 자신감을 잃어버립니다. 그때 우리는 이 가사를 흥얼거리게 되지요. 그대 앞에만 서면 나는 왜 작아지는가.

TV를 보다가 작아지는 기분을 느낀 적이 있습니다. 치킨을 먹으며 볼 게 없어 채널을 이리저리 돌리던 날이었는데요. 평소에는 보지 않던 프로그램이 그날따라 눈에 띄었습니다. 가스라이팅을 테마로 다양한 사건을 소개하고 있었지요. 관심이 많던 주제인지라 홀리듯 TV 앞에 앉았습니다.

기대와 달리 내용은 어딘가 석연치 않았습니다. 사람들을 세뇌하여 범죄에 가담시키는 자극적인 사건이었을 뿐 가스라이팅은 아니었지요. 첫 번째 사건을 본 저는 '에이, 저거 가스라이팅 아닌데' 하며 무심하게 닭 날개를 뜯었습니다. 하지만 두 번째, 세 번째 이야기가 나오면서 혼란에 빠지기 시작했습니다. 제가 알던 가스라이팅과 다른 이야기가 계속해서 소개되고 있었기 때문이지요. 치킨은 이미 손에서 내려놓은 지 오래였습니다.

가스라이팅을 주제로 글을 쓰고 강의도 했던 저는 심란해지기 시작했습니다. 내가 잘못된 정보를 전하고 있었던 걸까? 심장이 요동쳤지요. 내가 알던 내용이 부정당하고, 여태껏 해온 작업이 틀렸다는 의심이 들기 시작했습니다. 프로그램 속 사건이 소개될수록 의심은 확신으로 바뀌어갔지요. 그러다 프로그램이 끝날 때쯤에야 정신이 바짝 들었습니다. 그리고 혼잣말로 이렇게 탄식했지요. "아우 씨, 나 TV 보다가 가스라이팅당할 뻔했네."

가스라이팅이란 무엇일까요? 상황이나 심리를 조작해 상대방이 스스로를 의심하게 만듦으로써 심리적으로 지배하는 행위를 말합니다. 핵심은 '상황이나 심리를 조작하는 것'과 '스스로 의심하게 만드는 것'이지요. 가스라이팅이라는 용어가 유행처럼 번지면서 장난처럼 이 말을 사용하는 사람들이 늘고 있는데요. 사람들은 두 번째 포인트를 간과하는 경우가 많더군요. 스스로를 의심하게 만든다는 점을 빼먹는 것이지요.

가스라이팅이라는 용어는 1944년 발표된 〈가스등Gaslight〉이라는 영화에서 착안되었습니다. 영화의 줄거리를 모른다면 직관적으로 그 의미를 이해하기가 어렵지요. 다양한 분야의 사람들이 이 와닿지 않는 용어를 '심리적 지배' 혹은 '정신적 지배'로 순화해서 표현하자고 주장합니다. 하지만 문제는 이 순화된 표현에서 온다고 봅니다. 심리적·정신적 지배라는 표현은 너무나도 포괄적이어서 강압에 의한 지배, 공포심으로 인한 조장, 반복된 세뇌, 거부할 수 없는 복종까지 포함된 것처럼 느껴지기 때문입니다. 그래서 너도나도 용어의 뜻을 모른 채 '가스라이팅당했다'는 말을 남발하는 것입니다.

가스라이팅을 가하는 사람은 상황을 바꾸거나 교묘한 말 한두 마디로 상대방을 조종합니다. 어떤 이야기를 반복해서 세뇌하기도 하지요. 이때 심리적 지배의 늪에 빠진 사람은 스스로를 의심합니다. '내가 뭘 잘못했나?' '나 때문에 이런 일이 생겼나?' '나, 혹시 정신적으로 문제가 있는 건 아닌가?' 문제의 원인을 자신에게서 찾느라 긴장하고 주눅 들지요. 자신을 믿지 못하게 된 사람은 결국 상대에게 의존하고 지배당합니다. 관계의 주도권을 빼앗기고, 선택권과 자유의지를 잃어버리는 것이지요.

가스라이팅을 주제로 한 프로그램을 보던 저는 그들이 연출한 이야기(상황 조작)를 듣고 정규 방송에서 잘못된 정보를 전달하는 뻔뻔함(심리 조작)에 판단력을 잃기 시작했습니다. 내가 알고 있는 게 잘못된 것이라고 믿기(스스로 의심하기) 시작했고, 그 결과 불안한 마음으로 프로그램을 끝까지 시청했지요. 무지한 미디어가 남긴 참담한 가스라이팅 현장 아니었을까요?

판단하지 않고 무턱대고 따라가다 보면 잘못된 길을 걷고 있는 자신을 발견합니다. 그 길의 종착지에는 손해 보고 이용당하는 삶이 있지요. 가스라이팅을 당하면 살아가는 삶이 아닌 살아지는 삶을 살게 됩니다. 종국에는 내가 사라지는 삶을 살게 되지요.

가스라이팅은 영화 속 이야기처럼 특수한 상황이 아닙니다. 일상 곳곳에 자리 잡고 있지요. 들으면 놀랄 만한 범죄행위는 물론이고 가장 믿을만 해야 하는 연인 사이에서 빈번히 나타납니다. 그뿐만 아니라 가족과 친구, 직장 상사나 선후배, 심지어 식당 직원, 의사, 길을 물어보는 아주머니로부터도 가스라이팅을 당할 수 있습니다. 어쩌면 오늘 당신도 당했을지 모르고요. 이런 현실에서 우리는 어떻게 해야 할까요?

인간은 아는 만큼 볼 수 있는 존재입니다. 다시 말해, 관심이 없으면 보이지 않지요. 커피에 관심이 없는 사람은 원두 맛을 구별하지 못합니다. 그 맛이 그 맛이라 생각하지요. 비슷한 맛인데 뭘 그렇게 비싼 돈을 지불해야 하느냐며 제일 싼 커피만 고르기도 합니다. 하지만 커피에 관심이 많아질수록 그 맛을 구별할 수 있습니다. 맛있는 커피를 마시면 기분이 좋아지고 맛없는 커피를 마시면 짜증이 납니다. 믿고 가는 카페와 믿고 거르는 카페가 생기기 시작하지요.

가스라이팅도 마찬가지입니다. 관심을 가지기 시작하면 눈에 들어옵니다. 진심인지 거짓인지, 선의인지 위선인지 상대의 의도가 파악됩니다. 믿고 따라야 하는 사람인지 걸러야 하는 사람인지 구분할 수 있고, 피해야 하는 상황을 알아볼 수 있지요. 허나 커피를 많이 마셔보고 맛을 배우는 것처럼 갈등 상황을 직접 겪는 것은 곤란합니다. 마음의 상처가 남기 때문입니다. 간접 경험을 통해 알아가는 편이 좋지요. 그래서 많은 사례를 알아보기 시작했습니다. 앞으로 일어날 일을 대비하고 이미 당한 경험에 대해서는 회복하도록 자료를 수집하기 시작했지요. 바로 이 책이 탄생하게 된 배경입니다.

책을 쓰면서 중점을 두었던 건 최대한 다양한 이야기를 다루는 일이었습니다. 네가 뭘 좋아할지 몰라 일단 다 넣어봤… 아니, 어떤 일을 당할지 모르니 다 다뤄봤어 모드라고나 할까요. 나를 작아지게 만드는 수많은 상황에 대해 이야기하고, 가스라이팅과 관련된 다양한 갈등과 연관된 목소리를 담았습니다. 우리 삶에서 스쳐간 관계를 돌아보고 앞으로 함께할 가치에 대해 사유할 수 있기를 바라면서요.

1장 '오늘도 가스라이팅'에서는 가스라이팅의 다양한 상황을 살펴봅니다. 우리의 삶과는 제법 거리가 있어 보이는 영화 속 사건부터 전형적인 가스라이팅 상황, 그리고 '이것도 가스라이팅이야?' 싶은 이야기까지 가스라이팅으로 들어가는 길목 언저리에 있는 내용은 모두 담았습니다. 이 책을 덮을 때쯤에는 별의별 가스라이팅이 눈에 들어와 피할 수 있도록 말이지요.

2장 '가스라이팅 레시피'는 '도대체 가스라이팅이 뭐야?'라는 질문에 답을 내리는 장입니다. 영화와 소설 속 이야기를 빌려 가스라이팅이라는 심리 현상을 자세히 분석해 보았습니다(인용된 작품의 스포일러가 다수 포함되어 있습니다). 상황을 조작하는 건 어떤 건지, 심리는 어떤 식으로 조작되는지, 스스로를 의심하게 되는 건 무얼 의미하는지… 우리 삶에 밀접한 이야기들을 통해 가스라이팅의 정의를 하나하나 쪼개서 살펴보았습니다.

3장 '치밀하고 친밀한 적 가스라이터'와 4장 '준비된 가스라이티'에서는 가스라이팅 관계 속의 사람들을 들여다보았습니다. 가스라이팅을 가하는 사람과 당하는 사람의 특징을 심리학으로 파고들어 나와 상대를 돌아보는 시간을 가져봅니다. 이 장에서는 이런 사람이 가스라이터구나 하고 깨닫고, 가스라이팅에 취약했던 자신을 발견하거나, 심지어 나도 모르게 가스라이팅을 가했던 부끄러운 순간을 만나게 될지도 모릅니다.

수많은 이야기를 듣고 들여다보아도 대처법을 모르면 벗어날 수 없습니다. 알면서도 당하는 상황이 생기는 것이지요. 그래서 마지막 5장 '굿바이 가스라이팅'에서는 가스라이팅과 가스라이팅을 뿌리로 둔 다양한 갈등 상황에서 벗어나는 방법, 그리고 그때 우리가 가져야 할 마음가짐에 대해 사유하는 이야기를 담아보았습니다.

가스라이팅은 전문 학술 용어도 아니고 활발하게 연구가 진행된 분야도 아닙니다. 어떤 사람은 별것도 아닌 걸 그럴싸한 용어로 어렵게 말하냐고 폄하하기도 하지요. 하지만 '아직' 연구되지 않았다고 해서 사실이 아니거나 중요하지 않은 것은 아닙니다. 지구가 둥글다는 사실이 증명되지 않던 시대에도 이미 지구는 둥근 모양이었던 것처럼 말이지요. 가스라이팅은 분명히 실재하는 행위이고, 생각보다 자주 그리고 쉽게 우리 삶을 침범합니다. 그러므로 우리는 알아야 하고 경계해야 합니다.

그대 앞에만 서면 작아지는 나를 발견할 때가 있습니다. 어딘가 잘못되었다는 직감이 들지요. 이때 문제의 원인은 작아진 나일까요? 작게 만든 그일까요? 우리는 제대로 볼 수 있어야 합니다.
내가 정말 틀린 건지, 저 사람에 의해 '틀림을 당하고' 있는 건지.

1

.

오늘도 가스라이팅

피하기에는 너무 평범한 일상

의학으로는 나을 수 없다는 희귀한 질병을 가지고 있습니다. 병원을 다닌 지 꽤 되었지요. 그날도 평범한 진료 날이었습니다. 처방전을 가지고 약국에 들렀는데요. 제 이름이 호명되고 약을 받으러 가자 약사님이 제 얼굴을 한번, 처방전을 한번 쳐다봅니다. 이렇게 말씀하시더군요. "젊은 사람이 왜 벌써 이 약을 먹어." 그리고 이내 "착해서 그래, 착하니까 이런 병에 걸리지. 이제부터는 하고 싶은 대로 다 하고 살아요. 그래야 안 아파"라는 말을 덧붙이셨습니다. 당시에는 그 말의 의미를 이해하지 못했습니다. 하지만 이제는 알 것도 같습니다.

지금으로부터 12년 전 회사 사무실에서였습니다. 컨디션이 점점 떨어지고 있다는 느낌이 들었습니다. 식은땀은 속옷을 적시고 있었고 입술은 파래졌지요. 열이 나고 속이 뒤틀렸습니다. 사수에게 가서 몸 상태가 좋지 않으니 오늘은 일찍 들어가 봐도 괜찮겠냐고 물었습니다. 그는 눈도 마주치지 않은 채 이런 말을 던졌습니다. "여기 있는 사람 다 아파. 아플 때마다 조퇴하면 일은 누가 해. 일단 오늘은 가봐."

이 말을 듣고 집으로 돌아가는 길이 어찌나 춥고 또 멀고 느껴지던지요. 아픈 게 죄도 아닌데, 잘못을 저지르고도 뉘우칠 줄 모르는 어린아이가 된 기분이었습니다. 죽이고 약이고 다 게워낸 다음 병원에 가서야 위경련이라는 진단을 받고, 당분간 쉬는 편이 좋다는 말을 들었습니다. 하지만 다음 날도 출근할 수밖에 없었습니다. 다들 아프다고, 아플 때마다 쉬면 일은 누가 하냐는 그 말이 제 발목을 세게 조이고 있었거든요.

그날 이후, 저는 아파도 아프다고 말을 하지 않는 사람이 되었습니다. 아프다고 말을 하면 나쁜 사람이 되는 것 같았습니다. 아픈 것은 남에게 피해를 주는 행위인 것 같았거든요. 몸이고 마음이고 힘들 때마다 참았고, 괜찮다는 말이 습관이 되었습니다. 하지만 실제로는 그렇지 않았던 모양입니다. 괜찮은 줄 알았던 몸과 마음은 한순간에 와르르 무너져 버렸습니다. 저도 모르게 조금씩 실금이 가고 있었을 테지만요.

가스라이팅이라는 단어가 유행처럼 번지고 있지만 이 주제의 책을 쓰기로 결심하기까지 오랜 시간이 걸렸습니다. 가스라이팅, 즉 상황이나 심리를 교묘히 조작해 누군가를 조종하는 행위가 어쩐지 비현실적으로 느껴졌기 때문이지요. 영화에나 나올 법한 이야기가 대중에게 큰 의미를 가져다줄까 싶었거든요. 상속자에게서 유산을 빼돌리려고 정신병자로 몰아간다는 영화 속 이야기는 우리 삶과 거리가 멀게 느껴지잖아요. 하지만 관심을 가지고 세상을 돌아보니 주변 모든 일이 가스라이팅이었습니다.

한 사람이 자신의 바람을 이루기 위해 누군가의 마음을 교묘히 조종하고, 그 상대가 사실을 인지하지 못한 채 문제의 책임을 자신에게 돌리면 그것이 가스라이팅입니다. 그런 의미에서 저는 사수에게 가스라이팅을 당한 피해자였습니다. '너만 아프냐'라는 한마디는 제게 죄책감을 가지게 했고 그날로 저는 고통을 이야기하는 일 자체를 잘못으로 인지하게 되었지요. 사수가 원하는 건 후배가 아프지 않고(아니, 아프다고 말하지 않고) 책임감 있게 자리를 지켜 일을 완수하는 것이었고, 그 목표에서 벗어나는 순간 저는 잘못을 저지르는 사람이 되었던 겁니다.

'아픔'을 '나쁨'이라고 말하는 세상입니다. 이런 일들은 빈번히 일어나지요. 우리는 당연하지 않은 것을 당연하다고 말하는 세상에 살면서 나답게 사는 법을 잃어갑니다. 행복해질 권리를 빼앗기고 있지요. 내 잘못과 내 책임은 아니지만 누구의 짐도 아니기에,

그 주인 없는 짐을 서로에게 떠넘기며 살아가지요. 결국 자기 목소리를 잃고, 선택을 포기하며, 나를 부정합니다. 그리고 그렇게 사는 게 옳은 방향이라고 믿고 살아갑니다.

세상의 요구와 가치관이라는 틀에 맞춰 조종당한 우리는 아이러니하게 또다시 가해자가 되기도 합니다. 저 역시 언젠가 아프다고 집에 간다는 후배에게 눈살을 찌푸렸거든요. 나도 모르게 형성된 신념을 또 다른 사람에게 강요하면서 불필요한 아픔을 옮깁니다. 서로를 가스라이팅하면서 상처를 전염시키지요. 이제는 치료제가 필요하지 않을까요?

약사님은 제게 이런 말씀을 남겼습니다. "착해서 그래." 그런데 저는 그렇게 생각하지 않습니다. 착해서 그런 게 아니라 몰라서 그랬습니다. 타인의 말 한마디가 저를 그렇게 쉽게 지배할 수 있는지 몰랐습니다. 그로 인해 제 신념이, 행동이, 인생이 바뀔 수 있다는 사실도 인지하지 못했지요. 무엇보다 그 과정에서 제가 남이 아닌 제 자신을 탓하고 있다는 사실도 몰랐습니다. 아픈 건 나쁜 게 아니었는데 말이지요.

가스라이팅은 특별한 사건이 아닙니다. 물론 특별한 사건이 되기도 합니다. 하지만 생각보다 사소하게 우리 주변을 맴돌고 있지요. 의도적인 범죄자만 가스라이팅의 가해자가 아닙니다. 우리 모두가 피해자이면서 가해자이지요. 자신이 당한 것에 익숙해 다시 전하는 사람이 되기도 하니까요. 세상에 만연해 있는 가스라이팅을 끊을 수 있는 방법이 있을까요? 어쩌면 나부터 변해야 하는 건 아닌지 생각해 봅니다. 오늘도 알게 모르게 누군가의 마음을 조종한 것은 아닌지, 죄책감을 심어주지는 않았는지 돌아보면서 말입니다.

우리는 사랑일까

연애 사연을 소개하는 프로그램을 보다가 짜증이 솟구친 적이 있습니다. 뭐, 저런 미친놈이 있나 싶은 남자를 사랑하는 여자가 나왔거든요. 사연인즉 이랬습니다. 사랑에 빠진 한 여자가 남자에게 고백을 했습니다. 두 사람은 이내 영혼의 단짝이 되었습니다. 유학파인 두 사람은 취향, 취미, 성격까지 모든 게 완벽히 맞았지만 여느 연인들이 그렇듯 권태기를 맞이했습니다. 그들의 설렘은 오래 가지 못했지요. 두 사람은 서로 변함없이 사랑했지만 새로운 자극을 갈망하고 있었습니다. 그때 남자가 독특한 제안을 합니다. 바로 '오픈 릴레이션십open relationship'이었지요.

오픈 릴레이션십이란 연인 간 상호 합의하에 다른 이성을 만나는 것을 허용하는 관계입니다. 다자간 사랑, 즉 폴리아모리 polyamory라고도 하지요. 음, 제 상식으로는 이해되지 않는 제안이 었는데 남자는 그것이 상식이라고 생각한 모양입니다. 여자와 계속 만나고 싶지만 설렘을 느끼지 못하는 남자는 여자친구와 헤어지지 않은 상태에서 새로운 여자를 만나는 것을 허락해 달라고 합니다. 여자친구 역시 다른 남자를 만나도 된다고 말하지요. 그저 설렘을 위한 다른 만남을 가져보자는 것이었지요.

남자를 너무나도 사랑한 여자는 제안을 수락합니다. 그러자 남자는 기다렸다는 듯이 직장 동료와 만나기 시작합니다. 그 와중에도 두 사람의 관계가 가장 중요한 것임을 강조하고 여자친구에게 신뢰를 잃지 않기 위해 직장 동료(그러니까 새로 만나는 여성)와 있었던 일을 일거수일투족 보고하기 시작하지요. '오늘은 그 사람과 술 한잔 할 거야.' '오늘 그 사람과 늦게까지 있고 싶어.' 여자는 그 보고가 더 고통스럽습니다. 질투에 사로잡혀 잠들지 못하는 날들이 계속되지요. 그때마다 남자는 여자를 토닥입니다. 그러지 말고 빨리 다른 남자를 만나보라고 말이지요.

남자의 논리는 이랬습니다. 우리 두 사람은 서로 사랑하고, 이 관계를 오래 유지하기 위해서는 활력이 필요하다. 다른 사람에게서 설렘을 얻어오면 우리 사이는 더욱 돈독해질 것이다. 실제로 직장 동료를 만나고 온 남자는 여자에게 더욱 잘해주었고 권태로움이 사라지는 것만 같았습니다. 여자는 그의 말에 설득당해 결국 새로운 남자를 만나기로 합니다. 술김에 키스도 하지요. 하지만 그런 자신의 모습에 자괴감을 느낍니다. 여자는 결국 이 말도 안 되는 관계를 그만하자고, 못 하겠다고 남자친구에게 애원합니다. 그런데도 남자는 끊임없이 여자를 타이르고 설득합니다. 처음이라 힘든 거라고, 다 괜찮아질 거라고, 유럽에서는 이미 일반적인 문화라고, 너도 유학했으니 알지 않느냐고, 심지어 키스했을 때 느낌이 어땠냐는 변태적인 질문까지 던지지요.

괴로워하는 자신과 달리 평온한 마음으로 자신을 달래는 남자를 보고 여자는 혼란에 빠집니다. '내가 예민하게 구는 건 아닐까?' '내가 너무 고리타분한 걸까?' 사연의 끝에 여자는 이런 질문을 남깁니다. '제가 너무 쿨하지 못한 걸까요?'

세상에, 쿨하지 못하냐고요? 마지막 질문에서 저는 리모컨을 던질 뻔했습니다. 이미 프로그램의 진행자들은 책상을 주먹으로 치며 분노하고 있었지요. 이 관계는 처음부터 정상적인 관계가 아니었습니다. 사랑하는 사람에게 서로 다른 사람을 만나보자고 제안하는 것 자체가 비상식적이지요. 오픈 릴레이션십이라는 그럴싸한 단어로 포장한 '바람' 정당화였습니다. 그럼에도 여자는 왜 이 관계를 포기하지 못한 걸까요? 나아가, 왜 이 관계가 정상이며 문제는 자신에게 있다고 생각했던 걸까요?

심리상담가 로빈 스턴Robin Stern은 자신을 찾아오는 수많은 내담자를 보며 유사한 결의 피해 사례가 있음을 발견합니다. 가해자가 피해자의 마음을 교묘히 조종해 정서적으로 학대하는 유형이었는데요. 문제는 피해자들이 마치 자기에게 잘못이 있는 것처럼 생각하고 있었다는 겁니다. 로빈 스턴은 이 현상을 설명할 적절한 용어가 없어, 〈가스등〉이라는 영화 내용에 착안해 가스라이팅Gaslighting이라고 부르기 시작합니다. 영화의 간단한 줄거리를 살펴볼까요?

주인공 폴라는 어릴 적 부모를 잃고 이모 품에서 자랍니다. 하지만 그 안정도 잠시, 이모도 괴한에게 살해되고 말지요. 폴라는 음악으로 슬픔을 승화하며 하루하루를 버텨나갑니다. 그런 폴라에게 한 줄기 희망이 찾아옵니다. 바로 그레고리라는 남자였습니다. 그레고리는 폴라를 다정하게 지켜주며 상처를 보듬어줍니다. 한결같은 사랑에 감동한 폴라는 그와의 결혼을 결심하지요.

그레고리는 폴라가 살던 집에서 신혼 생활을 시작하자고 제안합니다. 이모가 살해당한 장소였지요. 망설이던 폴라는 사랑하는 남자를 위해 쉽지 않은 결정을 합니다. 하지만 달콤할 줄 알았던 신혼 생활은 엉망이 되어갑니다. 폴라가 이상행동을 하기 시작했기 때문입니다. 남편의 물건을 자꾸 숨겨놓는가 하면 선물 받은 소중한 물건을 잃어버립니다. 그러면서도 그 사실을 전혀 기억하지 못하지요. 게다가 방에 있는 가스등이 희미해진다는 헛소리를 늘어놓고 폐쇄된 다락방에서 발자국 소리가 난다며 불안을 호소합니다. 역시 폴라에게는 트라우마가 있던 그 장소에서 사는 것이 무리였던 걸까요?

사건의 전말은 이랬습니다. 유명 가수였던 이모는 값비싼 보석을 소유하고 있었는데요. 이를 욕심낸 도둑이 있었습니다. 도둑은 이모를 살해하고 보석을 훔치려 했지만 숨겨놓은 보석을 찾는 데 실패합니다. 하지만 여기서 포기하지 않고 조카 폴라에게 접근하지요. 바로 그레고리라는 가짜 이름을 가지고 말입니다. 폴라를 사랑하는 척 결혼하고 그 집으로 들어가 숨겨진 보석을 찾으려는 계획을 세웁니다. 하지만 아내가 있는 한 집 안을 마음껏 뒤지기란 쉽지 않지요. 결국 폴라를 미친 사람으로 몰아 정신병원에 보내기로 결심합니다.

그레고리는 폴라가 스스로 미친 사람이라고 믿게 하기 위해 물건을 일부러 숨겨놓고 폴라가 기억을 못하는 것처럼 몰아세웁니다. 당신 요즘 왜 그러냐고 이해할 수 없다는 반응을 보이며 불안감을 유도하지요. 밤마다 폴라 방의 가스등을 희미하게 조절한 다음 이모의 유품을 모아둔 다락방에 올라갑니다. 쿵쿵 발자국 소리를 내며 보석을 찾아 헤매지요. 폴라가 가스등이 흐려졌다고, 천장에서 소리가 난다고 말할 때마다 그레고리는 무슨 소리를 하는 거냐고, 과민 반응하지 말라며 다그칩니다. 폴라는 남편의 말에 주눅이 들고 자신이 미쳐가고 있다고 믿기 시작하지요. 그렇게 폭력 없는 폭력, 정서적 학대를 당한 것입니다.

로빈 스턴은 영화 속에서 그레고리가 가스등을 조절하고 폴라가 스스로 자신이 미쳤다고 믿게 만드는 것처럼, 상황을 조작해서 피해자가 스스로를 의심하게 만드는 정서적 학대를 '가스라이팅'이라고 명명했습니다. 이처럼 가스라이팅에서는 상황을 조작하기도 하고 심지어 마음을 조작하기도 하는데요. 오픈 릴레이션십 연인의 사연이 그렇습니다.

남자는 여자에게 비상식적인 관계를 제안했습니다. 서로 사랑하는 사이를 유지하면서 다른 이성을 만나보자는 아이디어였지요. 남자는 여자가 자신을 사랑한다는 사실을 알고, 헤어질 생각이 없다는 것도 알고 있었습니다. 이 심리를 교묘히 이용한 것이지요. 다른 사람을 만나는 것이 여자가 바라는 것, 즉 관계를 유지하는 데 도움이 될 것이라고 이야기합니다. 이 말은 다른 사람을 만나지 않으면 우리 관계가 위태로워질 것이라는 얌전한 협박이기도 했지요. 외국에서는 일반적인 문화라는 것도 강조하며 자신의 주장에 근거를 더합니다.

얼핏 듣기로 논리적인 설명과 그의 담담한 말투에 여자는 설득당하고 맙니다. 안온해 보이기까지 한 그의 말투와 표정 속에서 여자는 오히려 불안해하며 자신에게서 문제를 찾습니다. 결국 남자가 제안한 관계 그 자체가 아니라 이를 받아들이지 못하는 자신의 마음보를 탓하기 시작합니다. 이 마음이 지속되면 자신의 생각을 고치려고 노력하게 되고, 질투와 아픔을 견디면서 그 관계를 유지하려 하겠지요. 이것이 바로 정서적 학대를 받는 것입니다.

사랑하는 사람 사이에서는 더 사랑하는 사람이 약자라는 표현이 있습니다. 안타깝게도 가스라이팅 관계에서 이 표현이 딱 들어맞습니다. 더 사랑하는 사람은 그 관계를 지키기 위해 수단과 방법을 가리지 않는데, 그 안에 자신을 잃는 선택도 포함되어 있습니다. 상대가 나를 사랑하는지 이용하고 있는지 구별하려는 마음보다 지금 내 곁에 그 사람을 두고 싶다는 간절함이 더 크기 때문이지요.

반면에 가스라이팅 가해자는 그 사람을 사랑한다는 명목 아래 이용하려고 하지요. 상대의 진심을 이용하는 비겁한 사기꾼입니다. 진짜 사랑하는 사람은 상대의 마음이 불안하도록 내버려 두지 않습니다. 상대의 희생을 통해 관계가 지속되기를 바라지도 않습니다. 지금 그 사람은 당신을 사랑하고 있는 게 맞나요?

세상의 모든 가해자

tvN 드라마 〈이번 생은 처음이라〉에서는 드라마 작가를 꿈꾸며 서울로 상경한 지호의 이야기가 펼쳐집니다. 오랜 보조 작가 생활을 청산하고 정식 작가로 데뷔를 앞둔 그때, 지호에게 끔찍한 사건이 벌어집니다. 평소 호감을 가졌던 조감독에게 성폭행을 당할 뻔한 것이지요. 지호는 술에 취한 그를 타일러 상황을 무마하려 애썼지만, 인사불성이 된 조감독은 힘으로 지호를 제압하려 듭니다. 가까스로 도망친 지호는 그날로 잠적합니다.

드라마 팀에는 비상이 걸립니다. 메인 작가가 연락이 닿지 않으니까요. 그들은 지호를 달래기 위해 자리를 마련합니다. 감독은 자신이 조감독을 혼내주겠다며 지호를 어르고, 다른 작가는 자기가 화를 참느라 혼났다며 너스레를 떱니다. 마치 유치원생 둘이서 싸우는데 선생님들이 달래주는 모양새입니다. 상황이 어처구니없던 지호는 정색을 하고 이야기합니다. 성폭행 미수에, 당할 뻔한 건 자신인데 왜 감독님이 혼을 내고 작가님이 참느냐며, 이렇게 얼렁뚱땅 넘어갈 수 없으니 문제를 정식으로 공론화하겠다고 말이지요. 그러자 감독은 지호에게 이렇게 말합니다. "여기가 무슨 대학 동아리인 줄 아니? 그렇게 작은 일에 징징대고 그러면 무슨 드라마를 어떻게 만들어?"

그렇게 작은 일⋯. 오랫동안 함께 일해온 동료가 나를 성폭행하려고 했습니다. 그런데 그렇게 작은 일이라니요. 얼마나 더 큰 일이 벌어졌어야 공론화할 자격이 주어지는 걸까요? 기어이 강간을 당해야 했을까요? 아니면 폭력이라도 동반되어야 했을까요? 과연 그랬다면 문제로 삼아주기는 했을까요?

나에게는 인생을 흔들 만큼 엄청난 일이 남에게는 별것 아닌 일로 치부되는 경우가 있습니다. 안타깝게도 그런 일은 생각보다 자주 일어납니다. 이런 세상에서 살다보면 할 말을 하려는 사람이 예민한 사람이 되고 피곤한 사람으로 취급받지요. 결국에 피해자는 입을 다무는 편이 낫다고 생각하게 됩니다. 때리는 시어머니보다 말리는 시누이가 더 밉다고 가해자보다 주변 사람들의 시선 때문에라도 동굴 속으로 들어가는 편을 선택합니다.

환자가 아프다고 말해도 의사가 질병이 아니라고 말하면 더 이상 치료를 기대할 수 없습니다. 마음의 병도 마찬가지지요. 상처를 받았다고 말해도 세상이 대수롭지 않게 치부해 버리면 더 이상 의지하고 기댈 수 없습니다. 상처를 상처로 인정해 주지 않고, 문제를 문제로 삼아주지 않고 개개인을 휘두르기 시작하면 당사자는 오히려 이런 내가 불편한 사람은 아닌지 의심하고 문제를 바로잡는 일을 포기하게 됩니다. 그렇게 한 사람, 한 사람이 목소리를 잃어가지요. 사회를 병들게 하는 가스라이팅입니다.

강화길 작가의 장편소설 《다른 사람》은 주인공 진아가 인터넷에 올린 글에 대해 사람들이 반응하는 이야기로 시작됩니다. 다섯 번의 폭행과 관련된 글이었습니다. 가해자는 진아의 직장 상사이자 남자친구였지요. 회사는 진아 편에 서줄 리가 없었습니다. 그래서 진아는 세상에 도움을 구했지요. 하지만 회사가 진아의 편이 아니듯 세상도 진아의 편이 아니었습니다. 진아의 글에는 악플이 무수히 달리기 시작합니다. 한 악플러는 빨간 구두 이야기에 비유하며 이렇게 진아를 비웃었지요. "진작 알아보지 못하고 나쁜 신발을 신은 빨간 구두 소녀, 진작 나쁜 남자를 알아보지 못한 멍청이." 데이트 폭력의 피해자는 한순간에 악플의 대상이 됩니다.

비단 소설 속 이야기만은 아닙니다. 인터넷 서핑을 하다보면 별의별 상황을 자주 만나지요. "배우자가 바람을 피웠는데 어떻게 해야 할지 모르겠어요." 그런 글에 댓글이 참 쉽게 달립니다. 위로와 공감보다는 글쓴이의 무능을 탓하는 말로 가득 차지요. '그걸 보고만 있어요? 바로 증거 수집하고 소송 거세요. 설마 계속 살 건 아니죠?' 소송이니, 이혼이니 말은 쉽습니다. 그런데 현실도 그럴까요? 아이 문제, 집안 문제, 경제적 문제 등을 생각하면 두부 자르듯 쉽게 결정할 수 있는 문제가 아닙니다. 머리로는 알지만 마음으로는 해결하지 못한 문제도 있고요. 그래서 얼굴도 모르는 사람들에게 도움을 요청하는 글이라도 올려봅니다. 도저히 답을 모르겠으니 말입니다. 그런데 달리는 조언은 문제집 뒷면에 달린 해답지마냥 풀이가 참 쉽습니다. 그걸 모르는 자신이 바보같이 느껴질 정도로 말이지요.

"시어머니가 막말을 해요." "지도교수가 성추행을 합니다." "직장 상사의 폭언에 미치겠어요." 댓글이 달립니다. '그걸 왜 참아요? 바보예요? 그냥 들이받고 인연 끊어요.' '지랄 한번 하고 차단하세요.' '때려치우고 잠수 타세요.' 네, 물론 가능한 사람도 있습니다. 그런데 이게 가능한 사람이었다면 처음부터 당하지 않았을지도 모릅니다. 동방예의지국에서 어른에게 늘 져주며 사는 법만 배우고 살았던 사람에게는 '아니요'라고 말하는 일조차도 엄청난 힘이 필요한걸요. 그래서 그들은 익명의 힘을 빌려서라도 도움을 요청하는 겁니다. 그런데 조언은 너무나 직설적이고, 또 잔인합니다. '왜 멍청이처럼 당하고 있어요? 입 없어요? 답답하네.' '아니, 그러니까 애초에 왜 그런 사람을 만났어요? 사람 보는 눈 되게 없으시네. 쯧.'

경험이 없는 사람은 쉽게 조언합니다. 그 조언 속에는 가해자가 아닌 피해자의 책임도 분명히 있다는 암시가 걸려 있지요.

왕따당한 이유? 성격에 문제가 있지 않았을까.

도둑질당한 이유? 물건을 잘 간수했어야지.

사기당한 이유? 순진해서 그렇지.

폭력을 당했다고? 맞을 짓을 했나 보지.

강간당했다고? 혹시 밤에 짧은 치마 입고 다닌 건 아니고?

경험해 보지 않고 타인의 고통에 대해 조언을 하는 일은 쉽습니다. 문제 상황에 처한 사람은 나와는 다른, 아니 틀린 삶을 사는 것처럼 느껴지기 때문입니다. 평범한 삶은 올바르게 사는 사람에게만 주어진 특권인 것처럼 착각합니다. 그래서 나에게 일어나지 않은 일이 누군가에게 일어났을 때는 '그럴 만했겠지'라고 생각하기 쉽습니다. 반대로 나는 '잘' 살아왔기 때문에 그런 일이 생기지 않았고 앞으로도 그런 일이 생기지 않을 거라고 믿습니다. 이러쿵저러쿵하기가 쉽지요.

자, 이런 세상에서 가스라이팅 피해자는 어떨까요? 데이트 폭력의 피해자들은요. 그들이 과연 주변 사람에게 도움을 청할 수 있을까요? '그러게, 내가 그 사람 처음부터 별로라고 했잖아'라는 대답이 돌아오거나 '애초에 널 사랑해 주는 사람을 만났어야지'라는 대답이 돌아올까 봐 두렵습니다. 사랑하는 사람에게 상처받은 것만으로도 아픈데 그 선택에 대한 잘못까지 책임지는 상황은 너무 괴롭습니다. 그래서 눈을 꼭 감아버립니다. 그럴듯한 이유로 문제를 문제가 아닌 것처럼 포장해 버리지요.

《다른 사람》속의 진아가 처음 남자친구에게 맞았던 날, 가스라이팅은 어떻게 시작되었을까요? 남자는 자신이 장남이라는 이유로 가족을 책임지고 있다고 고백합니다. 부모님이 살아 있다는 사실조차 부담스러울 정도라며 힘든 자신의 상황을 이야기하지요. 그의 이야기에 반응하던 진아의 말에 갑자기 남자는 머릿속 끈이 툭 끊어지는 기분을 느낍니다. '그래도 그 집은 남자가 일을 한다'는 말 때문이었지요. 그리고 해서는 안 될 짓을 저지르고 맙니다.

하지만 그는 당당합니다. 자신은 잘못이 없다고 믿기 때문이지요. 심지어 억울해하기도 합니다. 남자는 말합니다. 애초에 네가 말실수를 하지 않았으면 그런 일은 벌어지지 않았을 텐데, 나는 원래 다정한 사람인데 네가 좀 더 다정한 나를 끌어내 줄 수는 없었냐고요. 그렇게 끔찍한 일의 책임을 모두 진아에게 돌립니다. 어떤 이유로도 정당화되어서는 안 되는 폭력이 정당화되는 순간이었습니다. 남자의 폭력은 여자의 말실수 때문에 일어난 피치 못할 사고로 둔갑합니다.

진아는 자신이 사랑하는 사람에게 두들겨 맞는 여자라고 인정하는 대신 가스라이팅을 당하기로 합니다. 물론 자신도 모르게 말이지요. 자기가 남자친구의 상처를 건드려서 폭력성을 이끌어 냈다고, 즉 자신의 실수라고 인정하고 사랑이라는 예쁜 포장지로 그날의 일을 덮습니다. 하지만 폭행은 한 번으로 끝나지 않지요. 다섯 번째 반복되었을 때에 가서야 진아는 깨닫습니다. 자신의 잘못은 그의 폭력성을 이끌어낸 것이 아니라 남자의 잘못을 못 본 척한 것이라는 사실을 말이지요.

소중한 사람에게 받은 상처를 인정하기란 어렵습니다. 유난히도 큰 용기가 필요한 일이지요. 용기를 내는 첫걸음은 무엇일까요? 바로 '내 잘못일지도 모른다'는 생각에서 자유로워지는 것입니다. 세상은 사랑하는 사람에게 당한 사람을 한심하게 바라봅니다. 그런 시선을 받는 데 익숙해지면 스스로 좌절하며, 정말 내가 잘못한 건 아닌지 의심하게 됩니다. 하지만 사랑하는 사람에게 상처받는 일은 언제든 일어날 수 있습니다. 일어나지 않으면 좋겠지만 그런 일은 종종 일어납니다. 특별한 일도, 이상한 일도 아닙니다. 어느 날 아침에 비가 내리듯이 그냥 일어나는 것입니다. 비가

온 것이 나의 잘못이 아니듯, 그런 일도 나의 잘못이 아니지요.

JTBC 드라마 〈로스쿨〉에서는 예슬의 재판 이야기가 나옵니다. 예슬은 유명 정치인 아버지를 둔 영창과 사랑하는 사이였습니다. 어느 날 영창은 아버지가 곤란한 상황에 처하자 예슬에게 거짓 증언을 하라고 종용하는데요. 평소 데이트 폭력에 시달렸던 예슬은 거짓 증언을 시도하다가 양심에 찔려 포기합니다. 이에 앙심을 품은 영창은 성관계 동영상을 유포하겠다고 협박하지요. 영창의 휴대폰을 빼앗기 위해 실랑이를 벌이는 과정에서 영창은 머리를 다치고 하반신 장애를 얻게 됩니다. 영창과 그의 아버지는 예슬을 고소하지요. 하지만 예슬은 사랑하는 남자를 다치게 했다는 죄책감에 모든 잘못을 자기 탓으로 돌리며 무기력한 모습을 보입니다.

다행히 예슬은 혼자가 아니었습니다. 재판에서 피해 사실과 정당방위를 입증하기 위해 무던히 노력하던 동기와 교수들이 있었고, 그들은 곁에서 끊임없이 이야기해 주었지요. 예슬의 탓이 아니라고요. 그들뿐만이 아닙니다. 아무도 모르는 든든한 지원군이 있었습니다. 바로 국민 참여 재판의 배심원 중 한 사람인 안숙자였는데요. 숙자는 예슬의 변론을 들으며 함께 눈물을 흘리고 전하지 못한 말을 종이에 끄적거립니다. '니 잘못이 아이다… 니 잘못이 아이다….' 숙자는 왜 그렇게 예슬에게 공감하고 있던 걸까요? 재판이 진행되는 동안 숙자는 자신의 과거를 떠올립니다. 방에 갇혀서 남편에게 폭행당하던 자신의 모습을 말입니다. 진심이 통한 걸까요? 숙자의 한마디, 한마디가 배심원들의 마음을 움직이고, 결국 예슬은 만장일치로 정당방위 평결을 받습니다.

자신의 잘못이라고만 생각하던 예슬은 '네 잘못이 아니다'라는 주변 사람들의 목소리에 귀를 기울이고 비로소 자신의 권리를 찾습니다. 학교로 돌아와 데이트 폭력 희생자를 돕는 일도 시작하지요. 그리고 희생자에게 이렇게 말해줍니다. 당신 잘못이 아니라고, 함께 방법을 찾아보자고 말이지요.

아픔을 한 번도 경험해 보지 못했던 세상은 누군가의 상처를 별것 아닌 걸로 치부하고, 당신 책임도 있다며 손가락질합니다. 그 목소리에 익숙해진 우리는 위로받아야 하는 순간에도 죄책감을 느끼고 숨어버리지요. 하지만 누군가는 들리지 않는 목소리로 이렇게 메시지를 전하고 있을지 모릅니다. '당신의 잘못이 아닙니다.' 그 메시지에 귀를 기울일 때 우리는 용기를 낼 수 있습니다. 그리고 그 용기를 내본 사람은 또 다른 누군가에게 용기를 줄 수 있지요. 한 사람의 메시지는 다른 사람에게 전해지고, 그렇게 흘러간 메시지는 선한 영향력이 되어 용기의 꽃을 피웁니다. 이 메시지가 기름에 불붙듯 흘러넘치면 좋겠습니다.

무의미하게 의미 있는 사람들

300년 만에 개기일식이 있던 날, 제시와 가족들은 호숫가로 여행을 떠났습니다. 가족들은 조금 더 가까이서 개기일식을 보려고 보트에 오르지만 제시는 어쩐지 함께하고 싶지 않았지요. 집에 머무르겠다고 고집을 부리는 제시는 어머니와 한바탕 다툼을 벌입니다. 어머니는 사춘기 이후 반항이 심해진 제시를 못마땅하게 보지만 아버지는 이해합니다. 결국 아버지와 제시만 호숫가에 남아 일식을 구경하기로 하지요.

다리와 어깨가 훤히 드러나는 탱크톱 원피스를 입은 제시는 다 큰 숙녀처럼 보입니다. 아버지는 그런 제시를 보며 어린 시절

이야기를 아련하게 꺼내지요. 이제 무릎에 앉히기에는 너무 컸다고 아쉬워합니다. 제시는 그런 아버지를 달래 듯 기꺼이 무릎 위에 앉아주지요. 하지만 호숫가에 함께 앉은 두 부녀의 이야기는 풍경처럼 아름답게만 흘러가지 않습니다. 달이 해를 가리고 세상이 어두워지는 동안 아버지의 마음속에서도 어두운 욕망이 올라옵니다. 다 큰 딸에게 느껴서는 안 될 감정을 느끼고, 그의 몸마저 반응을 해버리지요. 겁에 질린 제시는 아버지의 무릎 위에서 얼어붙고 맙니다.

공포에 질려 방으로 돌아가는 제시 뒤로 아버지가 따라갑니다. 자신의 잘못이라고 용서를 구하며 설득을 시작하는데요. 오늘 있었던 일을 어머니에게 고백하자고 합니다. 최근 제시와 어머니의 관계가 나쁘다는 건 알지만 그래도 사실대로 말해야 할 것 같다고 말입니다. 아버지는 제시에게 너의 잘못은 아니라고 말하다가도 혹시 어머니가 제시를 탓할 수도 있다고 금세 말을 바꿉니다. 이야기를 하고 나면 안 좋은 일이 일어날 것이라고 은연중에 흘리면서 그래도 말해야 한다며 친절하고 잔인하게 딸을 압박하지요.

제시는 어머니가 이 일을 알게 되는 게 두려워집니다. 말하지 말라고 애원하기 시작하지요. 그러자 아버지는 더욱 단호해집니다. 제시에게 너는 비밀을 못 지키는 아이라며, 언젠가 밝혀질 일이라면 빨리 알리는 게 낫다고 당장 말하겠다고 합니다. 제시는 울면서 평생 그 누구에게도 말하지 않겠다며 사정합니다. 결국 아버지는 딸의 간절한 부탁을 들어주기로 결정하고, 제시는 이 끔찍한 일을 죽는 날까지 마음속 깊은 곳에 숨겨두기로 다짐합니다.

스티븐 킹의 동명 소설을 원작으로 한 영화 〈제럴드의 게임〉 속 주인공 제시의 사연이었는데요. 어린 제시에게 끔찍한 일이 일어났습니다. 버팀목이 되어야 할 아버지는 가해자가 된 것도 모자라 제시의 앞길을 가로막고 있었습니다. 둘 사이의 일이 밝혀지면 일어날 불행한 일들을 나열하면서 계속해서 고백해야 한다고 압박하여 제시를 조급하게 만듭니다. 결국 제시는 자신을 괴롭게 한 아버지에게 구원해 달라고 애원합니다. 아버지는 순식간에 가해자에서 구원자가 되어버리지요.

가족은 가까우면서 서로를 보살펴 주어야 하는 관계이지만, 현실에서는 반대의 모습을 보이기도 합니다. 잔인하게 서로를 괴롭히고, 자신의 잘못을 덮기 위해 상대의 마음을 이용하기까지 하지요. 가족 사이에도 힘의 불균형이 존재합니다. 심리적으로 우위에 있는 사람이 연약한 사람을 지배하고 조종하며 가스라이팅을 시도하지요.

흰 종이 중앙에 나를 그리고 그 주변에 지인들을 배치해 본다고 상상해 볼까요? 나와 사람들의 심리적 거리에 따라 위치도 정해주고 말이지요. 친밀한 사람, 예를 들어 가족이나 애인 같은 사람은 내 이름의 바로 위아래 혹은 옆에 있을 것이고, 내 인생과 크게 관련 없는 편의점 직원이라든가 택배 기사는 종이 테두리 근처에 있게 될 테지요. 어떤 사람은 당장에 떠오르지 않아서 쓰지 못할 수도 있습니다. 그렇다면 우리를 가스라이팅할 수 있는 사람은 어디쯤 위치할까요?

보통 가스라이팅은 친밀한 사이에서 일어나는 심리적 지배라고 이야기합니다. 그럼 내 주변에 있는 사람들만 경계하면 가스라이팅으로부터 안전해질 수 있을까요? 안타깝게도 그렇지 않습니다. 의미 있는 타인이 아닐지라도 가스라이팅을 하기 때문입니다. 어쩌면 의미 없는 타인이라는 것 자체가 존재하지 않을지도 모르는 일이고요.

심리학 실험에서 사용되는 '사이버 볼 게임cyber ball game'이라는 프로그램이 있습니다. 모니터에 세 개의 플레이어 캐릭터가 나오고, 세 명의 실험 참여자가 각각의 플레이어를 조종할 수 있지요. 게임은 단순합니다. 나에게 공이 오면 받고 그 공을 다시 두 사람 중 한 사람에게 던지면 됩니다. 몇 분 동안 이 지루한 패스를 이어가면 끝나는 게임입니다. 이 게임을 하는 이유는 배척당하는 기분을 만들어내기 위함인데요. 연구 방법은 이렇습니다. 세 명의 참가자가 공놀이를 하는 것처럼 연출합니다. 하지만 사실 셋 중 두 사람은 공모자로, 연구 보조자입니다. 나머지 한 명만이 순수한 참가자이고 그는 나머지 두 사람이 공모했다는 사실을 꿈에도 모릅니다. 두 명의 공모자는 참가자를 빼놓고 둘이서만 공을 주고받습니다. 그럼 자신에게 공이 오지 않는다는 사실을 직감한 참가자가 소외감을 느낀다는 것입니다.

솔직히 이 프로그램을 처음 접했을 때 저는 갸우뚱했습니다. '아니, 생전 처음 본 사람이고 실험이 끝나면 다시는 안 볼 사람인데, 이 재미대가리도 없는 게임에서 공 좀 못 받았다고 서운해한다고? 그것도 성인이?' 하면서 말입니다. 하지만 사실이었습니다. 사이버 볼 게임 연구 결과는 한결같이 배척감을 안겨주는 것으로 나타났지요.

생각해 보니 그랬습니다. 엄마 몰래 밤 늦게까지 테트리스 게임을 하던 학창 시절, 사람들이 나에게만 공격 아이템을 던진다고 느껴질 때 저는 알 수 없는 모욕감을 느꼈습니다. '나를 무시하나? 나를 싫어하나? 내가 뭘 그렇게 잘못했지?' 결국 귀까지 빨개져 컴퓨터 전원을 발가락으로 눌러 꺼버리고 말았지요. 얼굴도 모르고, 아이디도 기억 안 나는, 그 순간이 아니면 내 인생에 아무 의미도 없는 사람들인데 나의 마음에 타격을 준 것이었습니다. 나에게 영향을 줄 수 있는 사람은 의미 있는 타인만이 아니었던 것이지요.

어떤 사람이 나를 미워하는 것 같을 때는 등을 돌리면 그만입니다. 나를 비난하는 것 같으면 악착같이 반격하면 되지요. 하지만 우리는 그렇게 하지 않습니다. 사회적 동물이기 때문입니다. 관계 안에서 살아가고 관계를 통해 이익을 얻지요. 함께하고픈 마음은 본능이어서 가슴이 먼저 반응합니다.

이 마음을 통제하는 일이란 여간 어려운 일이 아니지요. 잘 보이고 싶은 마음이 앞서 다른 사람의 비위를 맞추고 상대의 입장을 살피다보면 내 잘못이 아닌데도 내가 뭔가 잘못했나 하고 스스로를 의심하게 됩니다. 상대의 가시 돋친 말도 반박하지 못하고 무분별한 비난까지도 비판으로 받아들이지요. 문제는 의미 있는 타인이 아닌 그 누구에게라도 잘 보이고 싶다는 심리가 작용한다는 겁니다. 그러니 가스라이팅은 가깝고 친밀한 관계에서만 일어나지 않고 우리 주변 어디에서든 발생하는 것이지요.

요즘 십 대들이 자주 사용하면서도 싫어하는 표현이 있다고 합니다. 바로 '엥?'이라는 표현인데요. 친구에게 '나 어제 가방 샀는데 어때?' 하고 사진과 함께 메시지를 보냈는데 '엥?' 하고 답변이 오면 어떨까요? 굉장히 민망해집니다. 무시당한 기분이 들면서 자신이 무언가 잘못한 것 같고 순식간에 기분이 상하지요. 자존감이 높은 사람은 화를 내거나 흘려보내고 말 테지만 그렇지 않은 경우는 주눅이 듭니다. '엥?'은 일종의 수동 공격입니다.

이 공격은 친한 친구가 아니어도 통합니다. 고민거리를 털어놓을 데가 없어 인터넷에 글을 올렸는데 누군가가 '엥? 이게 무슨 고민이지'라고 댓글을 답니다. 수치심이 폭발하지요. 엥이라는 한 글자는 고민거리를 별것 아닌 것으로 치부하는 놀라운 에너지를 가지고 있습니다. 댓글을 단 사람이 어떤 사람인지, 조언에 귀 기울일 가치가 있는 사람인지도 모르면서 우선은 상처를 받고 봅니다. 이때, 익명의 사람이 나를 어떻게 판단하건 중요하지 않다고 마음먹는다면 상처를 받지 않습니다. 하지만 어떤 사람들은 그 사람의 말을 의미 있게 받아들이고 나 자신을 의심하기 시작합니다. 가스라이팅에 한 발짝 더 가까워지는 것이지요.

직장 안에서도 가스라이팅은 빈번히 일어납니다. 정도가 심하면 피해자의 정신은 피폐해지지요. 직장 내 괴롭힘으로 극단적인 선택을 하는 경우도 있습니다. 그럴 때 어떤 사람은 말합니다. 어차피 퇴사하면 그만인데 그게 뭐라고 꽃다운 나이에 목숨을 바치느냐고요. 정말 말처럼 쉬운 일일까요? 직장에 몰입하여 살다 보면 상사와 동료들은 의미 있는 타인이 됩니다. 직장 동료나 상사의 말 한마디가 엄청난 영향력을 가지게 되지요.

직장 내 가스라이팅은 보통 이런 식으로 일어납니다. 무능한 직원으로 보이고 싶지 않아 나름 열심히 시도하다가 실수를 합니다. 그러면 이렇게 혼이 나지요. "왜 물어보지도 않고 마음대로 처리하다가 이 사달을 내?" 그렇다고 질문을 하면 이런 반응이 돌아옵니다. "이런 걸 일일이 다 가르쳐줘야 해?" 아이디어를 제시하면 우리 회사와 어울리지 않는다고 뭐라 하지만 우리 회사에 어울리는 게 무엇인지 물어보면 그걸 내가 하나하나 알려줘야 하냐고 화를 내지요. 정답이 없는 구박을 받습니다. 뭘 해도 욕을 먹는 구조이지요. 아무리 노력을 해도 잘못했다는 소리를 들으니 무기력감에 빠지고 무능한 건 나 자신이라는 결론을 내리게 되지요. 심리적으로 무너지기 시작하며 상황을 벗어나려는 판단력 역시 흐려지고 자립해서 이겨낼 힘을 잃어버립니다.

우리에게는 내 삶을 좌지우지할 만큼 소중한 사람도 있는 반면에 마음만 먹으면 안 보고 말 사람도 있습니다. 후자의 경우라할지라도 영향을 미치지 않는 것은 아닙니다. 인간이란 존재가 원래 함께함을 갈망하고 그 관계를 위해 희생을 감내할 준비가 되어 있거든요. 문제는 그 순수한 마음을 이용하는 나쁜 사람들이 존재한다는 것이지요.

가스라이팅은 나의 영혼을 갉아먹습니다. 한 사람과의 관계를 유지하려다 더 많은 사람과의 관계를 단절시키지요. 한 사람을 단호하게 끊는 편이 훨씬 더 남는 장사임은 틀림없습니다. 세상 모든 사람에게 사랑을 받을 수는 없으니, 조금 더 계산적인 사람이 되어보는 건 어떨까요? 나를 아프게 하는 사람은 무시해 버리고 함께해서 행복한 사람에게 더 많은 에너지를 쏟으면서 말이지요.

추악한 다정함

고양이를 가만히 쳐다본 적 있나요? 고양이는 청결한 동물이기 때문에 자신의 혀로 털에 붙은 이물질을 제거하고 결도 정리합니다. 털을 쉼 없이 핥아대는 모습이 귀엽고도 신기하지요. 이렇게 혀로 몸을 핥으면서 단장하는 행위를 '그루밍grooming'이라고 하는데요. 마부가 말을 빗질하고 목욕시키는 데서 유래한 단어입니다. 마부의 다정한 손길이 말을 관리해 준다면 말은 마부에게 안정감을 느낄 것입니다. 마부를 친밀하게 생각하며 마음 문을 서서히 열겠지요. 바로 이것이 그루밍 효과입니다. 어미 동물이 자기 새끼를 핥으며 정서적 교류를 하는 것처럼 따뜻한 손길로 상대방을 대할 때 그들은 길들여집니다.

그루밍. 이토록 다정한 단어에 끔찍한 말이 붙었습니다. 그루밍 그리고 성범죄. 최근에 많이 언급되는 범죄의 한 형태인데요. 그루밍 성범죄란 어미 동물이 새끼 동물을 핥아주듯 가해자가 피해자에게 다정하게 접근해 신뢰를 쌓은 뒤 신체 접촉을 유도해 성범죄를 일으키는 것을 말합니다. 그루밍 성범죄가 일어나는 상황은 꽤나 다양하지요.

먼저 학교 현장에서 그루밍 성범죄가 발생할 수 있습니다. 주로 가해자는 교사, 피해자는 학생이 됩니다. 평가하는 사람인 교사에게 학생은 사랑받고 인정받기를 원하지요. 만약 교사가 수많은 친구들 사이에서 나만 편애한다면 든든한 마음이 들 겁니다. 그루밍 성범죄자는 이 심리를 이용하여 악행을 저지르지요.

교사가 학생에게 유난히 친절히 대하거나 고민을 들어주는 것으로 그루밍이 시작됩니다. 그리고 둘의 관계를 사랑으로 포장하지요. 학생은 분별력을 잃기 시작합니다. 특히 청소년기 아이들은 성적 호기심이 충만하기 때문에 성적 유도에도 쉽게 흔들리고 말지요. 범죄가 수면 위로 드러나도 학생이 교사의 마음을 진심으로 착각해 범죄로 받아들이지 못하는 경우도 발생합니다.

종교와 관련해서도 그루밍 성범죄가 발생합니다. 종교라기보다는 종교의 특성을 악용해서 신도들의 심리를 조종하고 성을 착취하는 것이지요. 종교는 폐쇄적인 공동체 색이 짙고 지도자를 신격화하는 경우도 있습니다. 이런 환경은 그루밍 성범죄가 쉽게 이루어지는 조건이 되지요. 신도들은 반복되는 교육에 세뇌되어 지도자를 맹목적으로 신뢰하고 결정에 따릅니다. 이런 신도들에게 성적 행위를 성스러운 행위로 둔갑시키면서 자신의 욕망을 해결하려는 사이비 교주들이 바로 그루밍 성범죄자입니다. 피해자는 판단력을 잃고 순종과 복종을 반복합니다. 지도자의 성적 요구를 신앙의 일부로 받아들이고 기꺼이 따르지요. 이뿐만 아니라 범죄 상황에 노출된 다음에도 벗어날 생각을 하지 못합니다. 그 안에 계속 갇히는 것이지요.

서열과 권위를 중요시하는 집단에서도 그루밍 성범죄가 발생합니다. 폐쇄성이 짙은 전문 분야의 경우, 그 집단 안에서 한번 배척되면 다시 돌아가기가 어렵습니다. 그래서 지도자나 교수, 선배와 같이 권위 있는 사람의 판단에 무조건적으로 따르는 경우가 많습니다. 특히 전문 집단의 권위자는 영향력이 막강하기 때문에 그들과의 친밀한 관계를 맺는 것은 도약할 수 있는 엄청난 기회가 될 수도 있습니다. 그런 사람의 관심이나 사랑을 받는다면 자의 반 타의 반 마음 문을 열게 되지요. 심각하게는 성적인 요구를 들어주는 일도 발생합니다. 문제를 제기해도 공론화하지 못하고 묵인하는 분위기가 형성되어 있기 때문에 범죄로부터 쉽게 벗어날 수 없습니다.

최근 큰 이슈가 되고 있는 것은 디지털 성범죄입니다. SNS나 인터넷 카페 등에서 상대에 대한 정보 없이 긴밀한 관계를 맺다가 범죄에 노출됩니다. 주로 아동 청소년이나 심리적으로 취약하여 온라인상에서 교류 활동을 하는 사람이 범죄의 표적이 됩니다. 좋은 대학의 입학을 꿈꾸는 고등학생에게 명문대생으로 위장하여 접근한 다음 정보를 주거나 과외를 해주겠다고 합니다. 소위 잘나간다는 친구들과 어울리고 싶어 하는 청소년 심리를 이용하여 특별한 집단에 껴주겠다는 말로 유혹하기도 하지요. 미성년 학생들, 사회적으로 소외당한 사람들, 관계에 목마름이 있는 이들은 검증되지 않은 온라인상의 상대에게 친밀감을 느끼고 쉽게 마음 문을 엽니다.

디지털 성범죄자들은 친밀함으로 다가가 특별한 관계임을 암시하고 성적인 상황으로 피해자를 유도합니다. 피해자는 호기심 반 관심 반으로 몸캠(영상통화 등으로 유사 성행위를 하는 장면을 녹화하는 것)을 찍거나 조건 만남(성을 제공하고 대가를 받는 만남)을 수락합니다. 일단 한번 사건에 노출되면 경험 자체가 협박의 수단이 되지요. 피해자는 자신이 이런 행위에 동참했다는 사실 자체가 수치스럽기 때문에 외부에 도움을 요청할 수도 없습니다. 당당하게 가해자를 벌하려 하지 않고 웅크리고 앉아 자책하지요.

마지막으로 심리 상담실에서도 그루밍 성범죄가 발생하곤 합니다. 상담실을 찾는 내담자는 심리적으로 취약한 상태입니다. 상담자의 조그마한 관심과 공감에도 위로를 받고 쉽게 마음을 열 수 있지요. 바로 이 점을 악용하는 범죄자가 존재하는데요. 한국상담학회 윤리강령 제4장 제12조 1항에는 '상담자는 내담자 또는 내담자의 가족들과 성적 관계를 갖거나 어떤 형태의 친밀한 관계를 갖지 않는다'라고 명시되어 있습니다. 상담자는 내담자와 성적이거나 개인적인 관계를 절대로 가져서는 안 됩니다. 하지만 일부 비윤리적인 상담자 혹은 상담 자격이 없는 이들이 상담자로 둔갑하여 범죄를 저지르는 경우가 드물게 발생합니다. 내담자는 상담자에게 의존하고 길들여져서 성적인 관계까지 맺게 되지요.

그루밍 성범죄와 관련하여 성적 조련에 대해서도 생각해 볼 필요가 있습니다. BDSM^{Bondage Discipline Sadism Masochism}(가학과 피학 성향의 롤플레잉을 통한 성적 활동)이라는 성적 지향 관계에서는 성적 관계를 주도하는 도미넌트와 이에 굴복하는 서브미시브 역할이 존재합니다. 도미넌트는 주로 가학 행위를 통해 상대방을 통제하고 서브미시브는 상대의 지배에 복종하면서 성적 쾌락을 얻는 것인데요.

이런 관계를 바라보는 시각은 다양합니다. 어떤 사람들은 변태적 성행위에 대한 그루밍 성범죄로 보기도 하고, 단순히 성적 취향으로 존중해야 한다고 주장하는 경우도 있지요. 그루밍 성범죄와 성적 취향의 구분은 상대에 대한 존중과 교감 여부에 따라

갈립니다. 자신의 욕망을 이루기 위해 상대를 의도적으로 조련하여 속이고 행위에 가담시키면 그루밍 성범죄로 볼 수 있습니다. 하지만 서로가 같은 욕망으로 합의하에 관계를 갖는다면 성적 취향이라고 볼 수 있지요.

그루밍 성범죄는 자신보다 약한 상대의 심리를 이용합니다. 사랑이나 친밀한 관계로 둔갑하여 결국에는 성적 착취를 하겠다는 목적을 가지고 있지요. 가스라이팅과 상당히 유사한 모습을 보이는데요. 그렇다면 그루밍 성범죄를 가스라이팅의 한 형태로 볼 수 있을까요?

가스라이팅의 핵심은 피해자가 스스로를 의심하고, 또 자기 자신에게 책임을 돌린다는 것입니다. 그루밍 성범죄 피해 상황을 들여다보면 문제를 인지하면서도 협박 같은 상황적 요인 때문에 벗어나지 못하는 경우와 진심으로 상대방을 신뢰하여 범죄 상황으로 인지하지 못하는 경우가 있습니다. 후자의 경우, 피해자가 문제의 원인을 자신에게 돌리거나 범죄자를 두둔하기까지 합니다. 이처럼 상대방의 그루밍에 세뇌당해 스스로에게 책임을 돌린다면 가스라이팅이라고 볼 수 있겠지요.

2017년, 자신의 성범죄 피해 사실을 용기 있게 고백함으로써 성범죄 문제를 공론화하는 '미투 운동'이 확산되기 시작했습니다.

피해자들은 SNS에 '#Metoo'라는 해시태그를 달고 자신의 경험을 공유하며 세상에 얼마나 많은 사람이 성범죄로 고통받고 있는지 경각심을 불러일으켰지요. 그러나 이 용기 있는 고백에 또 다른 상처가 달려오기 시작했습니다. 성범죄 피해자를 가해자로 만들며 비난하는 세력도 늘어났기 때문이지요.

성범죄를 당한 것은 수치스러운 경험이다, 피해자가 가해자에게 여지를 남기고 성적으로 유혹했을 것이다, 야한 옷을 입었을 것이다, 지혜롭지 못해 그런 상황을 피하지 못했을 것이다 등의 말들로 피해자에게 씻을 수 없는 상처를 남깁니다. 성범죄가 가스라이팅인지 아닌지는 구별하기가 쉽지 않습니다. 하지만 피해자를 향한 이 같은 시선은 명백한 가스라이팅입니다. 피해자로 하여금 스스로 잘못했다고 생각하게 만들고 세상에 당당하게 고개들수 없도록 조종하는 것이니까요. 그들은 자신도 모르게 성범죄의 두 번째 가해자가 되었다는 사실을 알고 있을까요?

요즘 젊은것들은 싸가지가 없어

'요즘 젊은것들은 싸가지가 없어'라는 표현을 흔히 듣습니다. 참 재미있는 것은 이 표현이 기원전 1700년 수메르 점토판에서도 발견되었다는 사실이지요. 예나 지금이나 젊은것들은 문제가 많은 모양입니다.

젊은 사람들이 손가락질당하는 이유 중 하나는 자기만 생각하고 남들을 배려하지 않는다는 것인데요. 집단의 목표보다 개인의 이익을 중요하게 생각하고, 단체 생활에 적응하지 못하며, 이기적이라는 것이지요. 얼핏 듣기에 정말 문제가 많아 보이는데, 정말 그럴까요?

집단주의라는 이념에는 인간적이고 이타적인 분위기가 풍깁니다. 반면에 개인주의는 비인간적이고 이기적이라는 이미지가 느껴집니다. 그래서 집단주의자는 개인주의자를 비난할 자격을 갖추었다고 생각합니다. 집단주의의 가치에서 벗어나는 것을 잘못되었다고 말합니다. 듣는 이도 혼란에 빠지지요. 개인주의자는 자신이 정말 냉혈한은 아닌지, 인간미가 없는지 의문에 빠지기도 합니다. 하지만 그렇지 않습니다. 옳고 그름으로 판단할 수 있는 문제가 아니기 때문입니다.

심리학자 토머스 탈헬름Thomas Talhelm은 집단주의 그리고 개인주의와 관련해서 쌀 이론Rice theory을 주장했습니다. 벼는 물이 고인 논에서 자랍니다. 물을 받아다 날라야 하니 손이 많이 가지요. 따라서 많은 사람이 함께 농사짓는 것이 이득입니다. 쌀이 주식인 나라는 모여서 일하는 게 익숙해지고 자연스럽게 집단주의 문화가 형성되지요. 반면에 밀은 맨땅에서도 잘 자랍니다. 굳이 다른 사람을 부를 필요가 없습니다. 도움을 요청했다간 새참도 챙겨줘야 하고, 재배한 다음에는 농작물도 나눠야 하니 득보다 실이 많아집니다. 결국 혼자 일하는 삶을 선택하고 이런 삶의 형태가 자연스럽게 개인주의 문화로 남게 됩니다. 이렇게 쌀이 주식인 나라에서는 집단주의가, 밀이 주식인 나라에서는 개인주의가 자리를 잡는 것입니다. 다시 말해, 어떤 방식으로 사는 것이 자신에게 이

득이냐에 따라 문화 유형이 결정된다는 것이지요.

인간은 본디 이익을 좇는 존재입니다. 이익에는 물질적인 것뿐만 아니라 정신적인 만족도 포함되는데요. 그러니 이익을 좇는다는 것이 반드시 속물 같거나 악하다는 것을 의미하지는 않습니다. 그 방향이 타인에게 피해를 줄 때나 이기적인 것이지요. 개인주의자와 이기주의자를 같은 말로 봐서는 안 되는 이유입니다.

한국 사회는 어떤 유형이 이익이 되는 사회일까요? 확실한 것은 더 이상 모든 사람이 벼농사를 짓는 사회가 아니라는 겁니다. 대학 입시, 취업 준비, 승진 등 이 모든 과정에서 함께하는 것은 득보다 실이 더 많습니다. 협력보다는 경쟁이 주가 되지요. 함께함에 대한 즐거움을 체화하기에는 따뜻함을 경험할 기회가 너무 적은 사회입니다. 집단주의 문화권이었던 한국에 개인주의자가 늘어나는 까닭입니다. 협력보다 경쟁이 우선인 시대, 함께하는 만큼 나누어야 하는 시대이니까요. 손해 보지 않기 위해 따로 하는 삶을 선택하는 것도 이해가 됩니다.

정답은 없기에 개인주의자로 살아갈지 집단주의자로 살아갈지는 개인이 선택해야 할 문제입니다. 하지만 집단주의를 강요하는 공동체가 있으니 바로 가정입니다. 자녀는 자신의 의사와 상관없이 가족으로 선택됩니다. 낳음을 당하여 운명공동체가 되지요. 따뜻한 가정에서 화목하게 지낼 수 있다면 낳음을 당하는 것이 축

복입니다. 안타깝게도 그렇지 않은 경우도 존재하지요. 함께하는 것이 혼자 있는 것보다 힘겨울 때가 있습니다. 그럼에도 가족이라는 이름이 발목을 잡습니다. '그래도 가족이니까'라는 말과 함께 말이지요.

해마다 명절이면 가족 내 갈등은 커져만 갑니다. 각자가 생각하는 이상적인 명절의 모습이 다르니까요. 어떤 이들은 함께 모여 즐거운 시간을 보내기를 기대하지만 또 다른 이들은 그 자리를 원하지 않습니다. '함께 모여'까지는 가능해도 '즐거운 시간 보내기'는 나만의 노력으로 해결될 문제가 아니기 때문입니다.

식사 자리에서는 소화를 방해하는 주제의 대화들이 오갑니다. 대학은 어디 갈 거냐, 취업은 언제 하냐, 결혼은 왜 안 하냐, 예비 배우자의 직업은 뭐냐, 아이는 왜 안 낳냐 등등. 누군가는 기껏 분위기를 띄워보겠다고 꺼낸 말이지만 듣는 이에게는 삶을 짓누르고 있던 돌덩어리 같은 말들이지요. 이야기가 시작되는 순간 기분은 상하고 괜히 왔다는 생각이 듭니다.

몇 년 전까지만 해도 남이었던 누군가는 가족의 일원이 되었다는 이유만으로 내내 서서 쟁반을 나르고 설거지를 합니다. 얼굴도 몰랐던 친척과 어색한 시간을 보내러 가느라 몇 시간을 쉬지 않고 운전해야 합니다. 일 년에 겨우 두세 번 만나는 사촌은 너무나도 어색해서 반말을 해야 할지 존대를 해야 할지 모르겠는데, 어른들은 자꾸 사이좋게 지내기를 강요합니다. 가족이라는 카테

고리로 묶여 불편한 사이가 된 이들은 오늘이 끝나기만을 간절히 기다립니다.

우리 사회는 윤리 교과서에 나오는 개념을 가지고 가족을 줄 인형 다루듯 조종하려 듭니다. 도리, 효, 공동체라는 그럴싸한 명목으로 말이지요. 대리 효도를 강요하고 희생을 당연하게 요구합니다. 가정을 위하다가 가정이 무너진다는 사실은 간과한 채 말입니다. 가장의 책임을 내세우며 돈 버는 기계로 전락시키고, 며느리의 도리를 강요하며 얼굴도 모르는 이의 제사상을 차리게 합니다. 충분한 지원을 해주지 못했음에도 키워준 보상을 바랍니다. 자신도 힘들게 살아왔다며 강요를 정당화하거나 옛날에 비하면 많이 편해졌다며 상대의 호소를 유별난 것으로 취급합니다. 부당한 것을 부당하다고 느끼는 사람이 자기를 부정하게 만들도록 가스라이팅을 시도하는 것이지요.

가족 간의 가스라이팅은 그 어떤 관계에서의 가스라이팅보다 치명적입니다. 꽤나 그럴싸한 사회적 가치를 기반으로 이루어지기 때문입니다. 부모의 말을 거역할 때, 가족의 요구를 거부할 때, 복종하면서도 속으로는 반발심이 일어날 때 우리의 마음은 불편해집니다. 그 불편한 마음은 개인을 부정적 감정에 휩쓸리게 만들고 말지요.

심리학자 토리 히긴스Tory Higgins는 자기 불일치 이론self-discrepancy theory을 통해 이런 감정에 대해 이야기합니다. 히긴스에 따르면, 사람에게는 세 가지의 자기 모습이 존재합니다. 현재 있는 모습 그대로의 나(실제적 자기), 되고 싶은 나(이상적 자기), 되어야만 하는 나(당위적 자기). 세 가지 모습이 어느 정도 닮아 있을 때 개인의 마음은 평온해지고 그렇지 않을 경우에는 마음속에서 갈등이 유발됩니다. 불편한 감정이 샘솟고 문제 행동으로 발전하지요.

가족이 내가 원하지 않는 모습을 강요할 때 마음속에서 갈등이 일어납니다. 있는 그대로의 나와 가족들이 바라는 나의 모습은 너무나도 달라서 간극을 좁히기가 어렵기 때문입니다. 이 갈등이 지속되면 우리는 불편한 정서를 느낍니다. 가장 흔하게는 '나는 이것밖에 안 되는구나' 하며 스스로의 가치를 절하합니다. 해내야 한다는 의무감과 해낼 수 없다는 무력감 사이에서 갈등하다가 죄책감의 늪에 빠지기도 하고 궁극에는 자기를 경멸하기도 하지요. 결국 있는 그대로의 나를 존중받지 못하고 타인의 기대에 나를 맞추려고 노력하며 나답게 사는 법을 잃어버립니다.

황정은 작가는 에세이 《일기》를 통해 "그래도 부모인데 가족인데"라는 표현에 대해 사유합니다. 작가는 그 말이 의견도, 생각도, 마음도, 아무것도 아니라고 말합니다. 심지어 누군가를 죽음으로 등 떠밀 수 있는, 상투적이라 해롭기까지 한 말이라고 표현하지요. 가족이라는 허울 좋은 말 때문에 가정 학대에서 벗어나지 못하는 아이들이 너무나도 많기 때문입니다. 세상은 가족에게 상처 입은 아이들을 보호하고 가해자로부터 격리하는 대신에 '그래도 가족이니까', '그래도 부모니까'라는 말과 함께 아이들을 고통의 공간으로 돌려보냅니다. 안타까운 일이지요. 이것이 노골적이고 직접적인 폭력에만 해당하는 말일까요? 함께하는 것이 그 자체로 고통이 될 때 자리 지키기를 강요하는 것 역시 지극히 폭력적인 일이지요.

함께하는 것은 강요할 수 있는 일이 아닙니다. 가족이라도, 친구라도, 그 어떤 관계에서라도 말이지요. 하지만 함께하는 세상은 만들어갈 수 있습니다. 함께하고 싶게 대우해 주면 됩니다. 함께하는 일이 즐거워지면 자연히 함께하는 자리로 몰려올 것입니다.

저는 개인주의자입니다. 그런데 아이러니하게도 어디에 열광하는지 아시나요? 영화 속 뻔한 클리셰입니다. 주인공이 위험에 처했을 때 웅장한 음악이 흐르면서 지원군이 나타나는 장면이지요. 서로가 힘을 합쳐 악당을 무찌르는 그 유치하고 예상 가능한 장면에서 전율을 느낍니다. 심장이 터진 크림빵처럼 벅차오릅니다. 왜 이렇게까지 격한 반응이 나오는 걸까요? 고민해 봤습니다. 답은 이거였습니다. 아, 나는 '함께'를 갈망하고 있구나.

외로움의 극단은 독립입니다. 함께해서 더 외로운 사람은 기어코 독립을 선택합니다. 차라리 나으니까요. 몸이 아프니 쉬겠다는 호소에 여기 안 아픈 사람 어디 있냐며 정색하는 선배, 일이 많아 지친다는 애원에 우리 때는 밤도 새웠다며 눈 흘기는 상사, 벌이가 적어 고단하다는 불평에 과거에는 열정 페이도 감사했다며 재능 기부를 요구하는 사회. 이런 곳에서 배우는 것은 독립입니다. 기대고 의시하는 대신 스스로 이기는 법, 알아서 사는 법을 배우게 되지요. 하지만 최악을 피하기 위한 선택이었을 뿐이고 사실은 함께하기를 원하고 있을지도 모릅니다. 진정한 의미의 '함께' 말입니다.

그 누구도 타인의 마리오네트가 될 수 없습니다. 아무리 훌륭한 각본이라 할지라도 다른 사람의 출연을 강요해서는 안 됩니다. 사람들이 스스로 '같이'의 가치를 알고 움직이도록 서로를 격려해 주어야 합니다. 마음으로 느낄 수 있게 말이지요. 이끌리는 삶이 아닌 진심으로 함께 걷는 삶이 될 때 비로소 행복한 '우리'가 될 테니까요.

2

.

가스라이팅 레시피

핑퐁 게임의 두 선수

고속도로를 달리던 중 뒤차가 상향등을 켜며 제 차를 추월합니다. 속도를 줄였다가 높였다가 장난질합니다. 아마도 시비를 거는 것 같은데요. 이런 상황에서 우리에게는 두 가지 선택지가 있습니다. '뭐야, 저 미친놈' 하며 무시하고 보내는 방법과 '어쭈? 한번 해보자는 거지?' 하며 쫓아가서 복수하는 방법입니다. 첫 번째 방법을 선택하는 경우 잠시 잠깐 지는 기분이 듭니다. 하지만 오래 지나지 않아 그 사람의 존재는 나의 기억 저 멀리 사라져 버립니다. 아름다운 경치가 눈에 들어오고 좋아하는 노래가 흘러나오면 콧노래를 흥얼거립니다. 예정했던 시간에 약속 장소에 도착해

하루를 시작합니다.

반면에 두 번째 방법을 선택하는 경우, 내가 그 차를 추월하고 그 차가 또 나를 추월하고 이렇게 서로 기싸움을 하다보면 '앗! 이 길이 아닌데?' 하고 이미 목적지와는 멀어져 있을 겁니다. 서로 쓸데없는 에너지만 소진해 버리고 말겠지요. 상대가 정말 미친놈이라면 내려서 몸싸움까지 벌일지도 모릅니다. 재수 없으면 얻어터지거나 잘해봐야 흠칫 두들겨 패주고 결국에는 경찰서에 가서 합의하느라 시간만 낭비합니다. 기어코 이기더라도 남는 것은 초라한 자존심뿐입니다. 어떤 것이 현명한 선택일까요?

한 현자가 있었습니다. 사람들에게 자신은 어리석은 사람과의 말다툼을 절대 하지 않는다고 가르쳤지요. 이 말을 들은 한 남자가 미친놈처럼 따지기 시작했습니다. "어떻게 살면서 한 번도 싸우지 않을 수 있습니까? 거짓말 아닙니까?" 그러자 현자는 이렇게 대답했습니다. "허허, 듣고 보니 자네 말이 맞는 것 같구려."

세상을 살다보면 별 미친놈을 다 만납니다. 내 잘못이 아닌데도 억울한 상황을 겪는 일이 허다합니다. 문제는 그냥 지나치지를 못한다는 것인데요. '가만히 있는 나를 왜 건드려? 본때를 보여주겠어!' 하고 반응을 합니다. 상대방이 원하는 반응을 보여주는 것이지요. 감정적으로 휘말리고 괴로워하는 모습을 보여줄 때 상대는 자신이 승자라 믿고 우월감을 느낍니다.

관계에서 갈등은 양쪽에서 서로 반응할 때 일어납니다. 한 사람이 아무리 시비를 걸어도 다른 사람이 받아주지 않으면 갈등이 일어나지 않지요. 이 원리는 가스라이팅에도 동일하게 적용됩니다. 얼핏 보면 한 명의 가해자가 상황을 이끌어나가는 것처럼 보이지만 사실은 그렇지 않습니다. 받아주는 사람이 존재하기에 비로소 일어납니다.

가스라이팅에는 두 가지 역할이 존재하고 각자가 여기에 충실할 때 이루어집니다. 먼저 상대방의 마음을 조종하기 위해 상황이나 상대의 마음을 조작하는 사람, 즉 가스라이팅을 가하는 사람. 우리는 이 사람을 가스라이터Gaslighter라고 부릅니다. 그리고 가스라이터의 조종에 반응하는 사람, 그럼으로써 정서적 학대를 당하는 사람을 가스라이티Gaslightee라고 부릅니다. 가스라이터는 낚시꾼입니다. 상황이나 심리를 이리저리 조작해 가며 먹이를 던집니다. 이때 먹이를 냉큼 무는 물고기가 있는가 하면 지나치는 물고기도 있겠지요. 여기서 낚싯대에 걸리는 물고기가 바로 가스라이티가 됩니다. 이거 가짜 떡밥이네 하고 피해간다면 가스라이팅은 이루어지지 않는 것이지요. 이게 바로 가스라이팅의 기본 원리입니다. 다시 말해, 우리가 가스라이티가 되기를 거부한다면 가스라이팅을 당하지 않습니다. 그렇다면, 가스라이팅은 가스라이티의 잘못이라고 보면 될까요?

아기가 바닥을 기기 시작하면 여러 가지 말썽을 피웁니다. 가장 큰 문제가 뭐든 입에다 넣고 본다는 것이지요. 위험한 물건이라도 입에 물어 큰 사고가 난다면 누구의 잘못일까요? 사고의 원인은 아기에게 있습니다. 그 물건을 입에 넣은 당사자이니까요. 하지만 아무도 아기를 탓하지 않습니다. 아기는 아무것도 몰랐거든요. 뭘 먹어도 되는지, 먹으면 안 되는지 말입니다.

가스라이팅 역시 마찬가지입니다. 가스라이티가 가스라이터에게 반응하기 때문에 가스라이팅이 이루어집니다. 가스라이티에게 원인이 있지요. 하지만 원인이 있다고 잘못을 했다는 건 아닙니다. 오히려 원인이 자신에게 있는 것은 희망적이라 말하고 싶습니다. 원인에는 결과가 따르게 마련이고, 원인이 바뀌면 결과도 바뀝니다. 다시 말해 원인이 나에게 있으면 '내'가 다른 결론을 낼 수도 있습니다. 가스라이티에게는 상황을 바꿀 수 있는 절대적인 권력이 있는 것이지요. 자신의 역할만 잘 수행하면 적극적으로 가스라이팅을 거부할 수 있습니다. 하지만 중요한 점을 잊어서는 안 됩니다. 아기가 자라면서 먹을 것과 먹으면 안 되는 것을 구분하는 법을 배우듯이 가스라이팅의 신호를 구분하는 법을 배워야겠지요.

박서련 작가의 단편소설 〈당신 엄마가 당신보다 잘하는 게임〉은 아들을 위해 무엇이든 해내는 한 어머니의 이야기입니다. 소설 속 어머니의 아들은 어릴 적 유난히 체구가 작았는데요. 이를 안타까이 여긴 어머니는 보약을 먹이기로 했지요. 하지만 그 보약이 부작용을 일으켜 아들은 살집이 많은 아이로 자라납니다. 뚱뚱하다는 이유로 따돌림을 당하는 아이를 보며 어머니는 무슨 일을 해서든지 아이를 행복하게 해주겠다고 다짐합니다.

하루는 아이가 게임을 못한다는 이유로 친구들에게 놀림을 받습니다. 이 이야기를 들은 어머니는 아들 몰래 그의 아이디로 게임을 해서 친구들의 코를 납작하게 해주겠다고 결심하지요. 게임 과외까지 받으면서 말입니다. 하지만 과외를 받는 도중에 불쾌한 일이 발생합니다. 과외 교사는 대학에 다니는 청년이었는데, 친절한 듯 어딘가 찜찜하게 행동합니다. 마우스를 잡는 척 어머니를 뒤에서 감싸 안거나, 팔꿈치를 부자연스럽게 움직이며 가슴을 툭툭 건드립니다. 우연이 아니라고 판단한 어머니는 그를 집에서 내쫓아 버립니다.

어머니는 만약 자신이 십 대였어도 이 상황을 성숙하게 해결할 수 있었을지 생각해 봅니다. 그러지 못했을 것이라고, 아마 자신이 착각했다고 믿고 어찌할 바를 몰라 하거나, 대처할 수 없는 상황에 그저 아무 일도 아니라며 스스로를 다독였을 것이라고 생각합니다. 하지만 이제는 바보같이 당하지만은 않는 성숙해진 자신을 발견합니다. 나의 잘못이나 오판이 아니고 상대가 잘못한 것임을 알 수 있는 자신, 그렇게 상대에게 멈추라고 말할 수 있는 자신을 기특해하고 격려하지요.

상대방의 언행이 무례한지 긴가민가할 때가 있습니다. 잘못이라고 지적하기에는 내가 너무 예민한 것 같고, 나만 참고 넘어가면 별일 아닌 게 될 것 같은 상황이 있지요. 그럴 때 마음이 여리고 어린 사람은 내가 착각하고 있는 거라고, 아무 일도 아니라며 넘어가려 합니다. 하지만 자기 자신에 대한 방관은 계속해서 나를 난처한 상황으로 몰아가고 결국 세상의 희생양으로 만듭니다.

모든 갈등은 주고받는 관계에서 이루어집니다. 가스라이팅도 마찬가지지요. 그래서 저는 가스라이팅을 핑퐁 게임이라고 부르는데요. 상대가 핑 하고 공을 칠 때, 내가 퐁 하고 받아쳐야 게임이 진행됩니다. 내가 뒤돌아서 가버리면 게임은 진행되지 않지요. 우리 눈에 상대의 의도가 보이기 시작하면 구분할 수 있습니다. 저 공을 받아치면 재미있는 게임이 시작될지, 지옥의 문이 열릴지 말입니다.

만들어진 진실

VR 게임장에 갔습니다. 평범한 오락실 안이었는데, 안경을 쓰자마자 말도 안 되는 세상이 눈앞에 펼쳐졌지요. 저는 고층 빌딩 옥상의 난간에 서 있었고, 조금만 발을 헛디디면 떨어지는 아슬아슬한 상황에 처해 있었습니다. 순간 새가 날아와 저를 치는 바람에 난간 밑으로 떨어지고 말았지요. 하지만 무섭기보다 재미있었습니다. 실제 상황이 아니라는 걸 알았으니까요.

가스라이팅의 첫 번째 특징은 상황을 교묘히 조작하는 것인데, 이는 VR 게임하고 매우 닮았습니다. 눈앞에 가짜 현실을 보여주는 것과 같지요. 다른 점이 있다면, 게임 참가자는 눈앞의 현실이 가상이라는 걸 알지만 가스라이티는 이 사실을 모른다는 것입니다.

가스라이터가 조작하는 상황은 우리가 생활하는 모든 환경을 말합니다. 집, 직장, 오고 가는 길목, 자주 드나드는 음식점이 될 수도 있습니다. 그리고 그 장소에서 일어나는 모든 사건이 상황이 될 수가 있지요. 가스라이터는 이 상황을 교묘히 조작하여 가스라이티를 혼란에 빠트립니다. '이런 상황이 일어날 수가 없는데, 왜 이런 일이 일어나는 거지?' 하는 생각이 들게 말이지요.

영화 〈가스등〉에서 조작된 상황은 가스등 불빛이었습니다. 그 시대에는 하나의 가스통에 집 안의 모든 가스등이 연결되어 있었습니다. 다른 방에서 가스를 사용하면 원래 가스를 사용하고 있던 방의 가스등의 빛이 희미해지지요. 그런데 폴라 방의 가스등은 아무 이유 없이도 희미해지곤 했습니다. 집 안에서 그 누구도 가스를 사용하지 않는데 말이지요. 더 무서운 건 불빛이 희미해진 다음 폐쇄된 다락방이 있는 천장에서 쿵쿵 소리가 들리는 것이었지요. 아무도 없어야 할 그곳에서 말입니다.

현실적으로 불가능한 기이한 현상이 폴라에게 일어나고 있었습니다. 자신이 알고 있는 상식과 다른 상황이 펼쳐지는 것입니다. 폴라는 누군가 상황을 조작하고 있다고 생각하지 못하고 이 상황을 보는 자신을 의심합니다. 현실은 정상인데 내가 비정상이어서 이런 지각을 하고 있는 거라고 착각한 것이지요. 자신이 미쳤기 때문에, 환각 중세 때문에 말도 안 되는 일을 겪고 있다고 생각하지요.

가스라이팅 장르 소설을 개척했다고 평가받는 B. A. 패리스의 소설 《브레이크 다운》에서도 상황을 조작하는 장면이 나오는데요. 주인공 캐시는 이른 나이에 어머니를 잃습니다. 어머니가 치매를 앓았기 때문입니다. 그런데 언제부턴가 캐시에게도 비슷한 증상이 나타나기 시작합니다. 세탁기 조작법이 생각나지 않고, 커피 머신 작동법이 기억나지 않습니다. 현관 비밀번호를 여러 번 틀려 사람을 부르는 일이 빈번해지지요. 캐시는 어머니의 병이 자기에게도 시작되었다면서 두려움에 떨기 시작합니다.

안 그래도 불안한 캐시에게 이해할 수 없는 사건이 반복해서 일어납니다. 그중 가장 치명적인 일은 매일 아침 발신지를 알 수 없는 전화가 걸려오고 캐시의 목소리를 확인하자마자 끊기는 것이었지요. 한두 번이야 실수라고 생각할 테지만 매일 울리는 전화에 캐시는 불안해집니다. 최근 동네에서 벌어진 살인 사건과 연관이 있는 건 아닌지 생각하지요. 결국 캐시는 약물에 의존하며 점점 무너져 가고 맙니다.

알고 보니 캐시가 처한 상황에는 충격적인 내막이 숨겨져 있었습니다. 캐시에게는 레이첼이라는 가장 친한 친구가 있었는데요. 어린 시절 부모님을 잃고 혼자가 된 레이첼을 캐시의 부모님이 친자식처럼 길렀고 그때부터 둘은 자매처럼 지냈지요. 시간이 흘러 캐시의 부모님이 사망하자 그 집의 엄청난 유산은 친딸인 캐시에게만 상속됩니다. 이 사실을 안 레이첼은 앙심을 품고 캐시의 재산을 빼돌리기로 계획을 짜지요.

레이첼은 캐시의 어머니가 치매를 앓았다는 사실을 이용합니다. 캐시 역시 치매에 걸린 것처럼 상황을 조작한 것이지요. 아무도 없는 집에 몰래 들어가 세탁기와 커피 머신을 다른 모델로 바꿔치기 하고, 현관 비밀번호를 교묘하게 바꿔둡니다. 캐시가 자신의 기억력을 의심하도록 말이지요. 심지어 캐시에게 아침마다 전화를 걸고 끊었던 건 캐시의 남편 매튜였습니다. 안타깝게도 레이첼과 매튜는 내연 관계였지요. 매일 아침 울리는 전화벨 소리는 안 그래도 예민한 캐시를 더욱 자극하고, 상황이 조작되었을 거라고 꿈에도 상상하지 못한 캐시는 자신이 치매에 걸렸으며 신경쇠약으로 미쳐간다고 확신하기 시작합니다.

캐시의 경우는 상황을 조작하는 가스라이팅의 대표적인 사례입니다. 물론 피부로 와닿는 이야기는 아니지요. 상황 조작에는 엄청난 비용과 노력이 필요하고, 우리에게는 그렇게까지 해서 강탈해 갈 만한 재산도 없으니까요. 이것만 보면 가스라이팅은 나와는 아무런 관련이 없는 것처럼 느껴지기도 합니다. 하지만 마음을 놓아서는 안 됩니다. 일상에서는 더 쉬운 방법으로 가스라이팅이 일어나기 때문입니다. 바로 상황이 아닌 심리를 조종하면서 말입니다.

조종당한 마음

프랑스의 심리치료사 모드 쥘리앵은 에세이 《완벽한 아이》를 통해 자신의 불행했던 어린 시절을 공개했는데요. 모드는 부유한 가정에서 완벽한 부모와 함께 사는 것처럼 보였지만 실제로는 처참한 삶을 살았습니다. 아버지가 가진 잘못된 신념과 비뚤어진 세계관 때문이었지요. 아버지는 자신이 그려놓은 이상적인 인간상에 맞는 아이를 원했습니다. 모드를 그 그림에 맞게 키우기 위해 감금하고 신체적·정서적으로 학대했지요.

어린 모드를 학대한 첫 번째 방식은 공포감 조성하기였습니다. 모드의 아버지는 모드가 외부로 나가는 것을 극도로 꺼려했습니다. 다른 사람들과 교류하면 독립적으로 사고하기 시작할 테고, 자신의 말을 따르지 않을 테니까요. 그래서 아버지는 모드가 밖으로 나갈 수 없게 만듭니다. 집 밖에는 납치범들이 우글거리고 있고 납치 명단에 모드의 이름이 올라가 있다고 상상하게 만들지요. 겁이 난 어린 모드는 아버지만 믿고 집이라는 감옥 안에 갇혀 살게 됩니다.

아버지는 자신의 권위를 지키기 위해 괴상한 훈련도 했는데요. 이를테면 바닥에 원을 그려놓고 원 안에서 빙빙 돌다 멈추는 것입니다. 멈추었을 때 원 밖으로 이탈하지 않도록 하는 회전 훈련이었지요. 누구라도 휘청거리다 보면 원 밖으로 쓰러지는 게 정상이었지만 아버지는 모드가 중심을 잘 잡지 못하는 이유가 결함 때문이라고 말합니다. 그리고 결함을 고칠 수 있는 유일한 훈련자인 자신의 말에만 복종하도록 요구하지요. 어느 날은 고장 난 손목시계의 초침을 마음으로만 움직여 보라는 황당한 명령을 내리기도 합니다. 현실적으로 불가능한 이 시도를 모드는 가능하다고 믿고 노력합니다. 당연히 되지 않는 것이지만 오히려 무능한 자신을 탓하지요. 아버지의 가르침을 받으면 언젠가 자기도 그 능력을 가질 수 있으리라고 기대합니다. 그렇게 삶의 모든 순간을 아버지의 통제에 맡긴 채 살아가지요.

모드의 아버지는 상황을 조작하지도 않으면서 모드를 쉽게 지배했습니다. 모드의 심리를 교묘히 조종했기 때문입니다. 공포와 무기력을 심어주는 동시에 자신만이 모드를 해방시켜 줄 구원자인 것처럼 포장했습니다. 순수했던 모드는 아버지의 모든 말을 믿고 지배당했던 것이지요.

가스라이팅은 상황이나 심리를 조종하는 방식으로 이루어지는데요. 둘 중 어느 것이 더 쉬울까요? 당연히 후자입니다. 상황을 조작하는 것은 많은 비용과 노력이 필요하고 흔적이 남기 때문입니다. 누군가의 집에 세탁기를 바꾸는 일이 보통 일은 아니니까요. 마음을 조종하는 것은 비용이 드는 것도 아니고 들킬 위험도 적지요. 게다가 눈으로 확인이 어렵습니다. 증거가 없어서 잘잘못을 따질 수도 없지요. 그래서 현실 속 가스라이팅은 대부분 마음을 조종하는 방향으로 이루어집니다. 마음속의 연약한 부분을 툭툭 건드려 죄책감, 미안함, 민망함, 불안함, 두려움 같은 불편한 정서를 이끌어내는 식으로 시작하지요.

김과 최는 결혼을 앞두고 있습니다. 결혼식장, 예단, 신혼집 등 결정해야 할 문제가 산더미같이 쌓여 있지요. 문제를 차근차근 해결하는 성격인 최와 달리 김은 회피하는 데 급급한 성격입니다. 하루는 기분 좋게 저녁을 먹다가 최가 김에게 결혼식을 어느 지역에서 하면 좋을지 묻습니다. 최는 지인들이 많은 대도시에서 결혼하기를 원하고 김은 자신의 고향인 시골에서 하기를 원하지요. 두 사람의 의견은 좀처럼 좁혀지지 않습니다. 그러자 김이 최에게 화를 냅니다. "꼭 지금 이 이야기를 꺼내야 했어? 우리 이제 헤어질 시간인데, 기분 좋게 하루 마무리하면 되는데 너는 꼭 이럴 때 분위기를 안 좋게 만들더라."

김의 말이 맞았습니다. 이제 조금 있으면 집으로 돌아가야 하는데 분위기는 엉망이 되었습니다. 이대로 집으로 돌아가면 다시 만날 때까지 찜찜한 기분을 가지고 있어야겠지요. 결국 최는 자신의 생각이 짧았다고 사과합니다. 하지만 이 일은 여러 번 반복됩니다. 최가 말을 꺼내고, 의견은 좁혀지지 않고, 김은 최에게 왜 지금 이 말을 꺼내느냐고 다그칩니다. 최가 사과를 하고 나서야 싸움이 종료되는 패턴이었지요. 두 사람에게는 어떤 문제가 있는 걸까요?

사람과 사람 사이에서 의견 충돌은 피하기 어렵습니다. 그 과정을 여러 번 겪으면서 조율하는 법을 배우게 되지요. 하지만 이 상황을 회피하기만 하려는 사람이 있습니다. 기분 상하는 것은 무조건 싫고 화를 내서라도 상대가 내게 맞춰주기만을 바라는 것이지요. 김은 그런 유의 사람이었습니다. 갈등은 싫고 최의 의견을 들어주기도 싫었지요. 그래서 문제의 포커스를 다른 데로 옮깁니다. 바로 말을 꺼내는 '타이밍'이지요. 김은 마치 싸움을 하는 데 최적의 타이밍이라도 있는 것처럼 이야기합니다. 최가 최악의 타이밍에 싸움을 걸어와 소중한 시간을 망쳤다고 몰아가지요. 김의 심리적 조종에 휘말린 최는 사과하는 데 급급해 본질적으로 해결해야 할 문제를 놓치고 맙니다.

김이 기대하는 최적의 타이밍이란 존재할까요? 출근길에 전화를 한다면 이렇게 말할 것입니다. 아침부터 정신없이 이 이야기를 꺼내야겠어? 점심시간에 묻는다면 이렇게 말하겠지요. 오전 근무 막 끝내고 한숨 돌리는데 골치 아프게 꼭 지금 말해야겠어? 퇴근 후에 말한다면 어떻게 될까요. 하루 종일 일하느라 고생한 사람한테 꼭 시비를 걸어야겠어? 그렇다고 꾹꾹 참고 만나서 이야기하면, 오랜만에 만났는데 분위기를 이렇게 만들어야겠어? 하고 반문하겠지요. 사실 타이밍은 문제가 아니었습니다. 말을 꺼내는 것 자체가 싫은 것이고, 문제의 원인을 최에게 돌리고 싶어서 타이밍이라는 핑계를 대는 것이지요.

《완벽한 아이》속 모드의 아버지나 김의 모습은 무척이나 닮아 있습니다. 불가능한 요구를 하며 상대를 문제 있는 사람으로 만들고 있지요. 마음으로 시계 침을 움직여 보라고 하거나 존재하지도 않는 최적의 타이밍에 이야기를 꺼내라고 하는 것처럼 할 수 없는 일을 바라고 그 일을 못 한다고 몰아세웁니다. 가스라이터가 심리를 조종하는 방식은 이와 같지요. 얼핏 듣기에 그럴싸한 말로 문제의 본질을 흐리고, 정답이 없는 문제를 풀라고 합니다. 그리고 그것도 풀지 못한다며 결함이 있는 사람으로 몰아가지요. 그 와중에 옥박도 지르면서 공포심까지 조장하면 상대는 주눅이 들게 마련입니다. 정말 자신이 무언가 잘못한 건 아닌지 생각하며 긴장하고 사과하는 데 익숙한 사람이 됩니다.

상대가 작정하고 심리를 조종하기 시작하면 파악이 어렵습니다. 옳고 그름을 판단하는 결정권을 상대가 쥐고 있기 때문입니다. 그의 말이 옳게 들리고 스스로 판단이 잘 서지 않습니다. 때로는 두렵고, 때로는 나를 위해 하는 말처럼 들리기도 하지요. 나만 노력하고 희생하면 이 모든 게 해결될 것만 같습니다. 하지만 관계는 무엇보다 함께 행복해야 합니다. 관계 안에서 불행하다는 느낌이 든다면, 자존감이 낮아지고 무기력감이 느껴진다면, 자꾸 죄책감이 자꾸 들고 미안하다고 말하는 횟수가 많아진다면 균형이 무너지고 있는 것입니다. 아무리 노력해도 답이 없는 것처럼 느껴진다면 처음부터 정답이 없는 문제를 붙잡고 있는지도 모릅니다.

내게 무슨 문제가 있나 의심이 들 때

나에게는 소중하고 친밀한 사람이 있다. 슬픈 비밀을 공유하고 있는 친구. 우리는 첫눈에 서로의 아픔을 알아봤고 세상에 내어주지 않던 곁을 내주었다. 기숙사에서 한 방을 쓰게 된 건 운명이었다. 그런 우리가 요즘 부쩍 서먹해지기 시작했다. 내가 남자친구를 사귀기 시작하면서부터다. 뭐 어쩌겠는가 싶었다. 평생 사랑 없이 살 수는 없는 노릇이니까. 하지만 그때부터 문제가 생기기 시작했다. 내 물건이 하나둘씩 없어지고 있다. 의심하고 싶지는 않았지만 내 물건에 손댈 수 있는 사람은 친구뿐이었고, 한

번은 내 옷을 입고 거울 앞에서 흥얼대며 서 있는 친구를 보기도 했다.

이런 일로 어색해지고 싶지 않아 그냥 넘어가려 했지만 오늘은 도저히 넘어갈 수 없는 일이 터지고 말았다. 친구의 손목에 내 어머니의 팔찌가 감겨 있던 것이었다. 돌아가신 어머니의 팔찌 말이다. 나는 참아왔던 한마디를 던지고 말았다. "다음부터는 물어보고 차면 좋겠어." 그러자 돌아오는 대답. "무슨 말이야? 혹시 이 팔찌 말하는 거야?" 고개를 끄덕이자 친구는 황당해하며 말했다. "이건 내 팔찌야. 돌아가신 우리 엄마가 준 거잖아."

'우리 엄마의 팔찌가 아니라고?' 당황한 나는 다리에 힘이 풀려 주저앉았고, 그런 나를 보고 놀란 친구는 보건 선생님을 부르겠다고 달려 나갔다. 이렇게 나를 생각해 주는 친구를 의심하다니, 미안한 마음이 들었다. 한편 엄마의 팔찌도 못 알아보다니, 내 머리에 무슨 문제라도 생긴 건지 심란해지기 시작했다.

크리스틴 맹건의 소설 《탄제린》의 한 장면을 제 이야기처럼 각색해 보았는데요. 소설 속 앨리스와 루시는 서로의 상처를 공유하며 영혼의 단짝이 됩니다. 하지만 앨리스에게 남자친구가 생기면서 관계가 소원해지지요. 그때부터 루시는 앨리스의 물건을 슬

쩍하고 그녀를 스토킹하는 등 이상한 행동을 하기 시작하는데요. 루시에게 실망한 앨리스는 참다 참다 한마디를 하지만 루시는 앨리스가 오해한 것처럼 당당하게 대처합니다. 치명적인 거짓말, 앨리스 어머니의 유품을 자기 것이라는 말까지 하지요. 루시의 확신에 찬 모습을 본 앨리스는 주춤하고 맙니다. '혹시 내가 오해한 건 아닐까? 저렇게까지 당당한데 루시 말이 사실일지도 모르잖아' 하며 말이지요.

상대의 태도가 지나치게 당당하거나 뻔뻔할 때 우리는 순간 당황스러움을 넘어 나 자신을 의심합니다. 내가 오해하지는 않았는지, 내 생각이 틀린 건 아닌지 고민하지요. 이를테면 이런 경우입니다. 연인과 다투는 상황에서 갑자기 상대가 갑자기 이렇게 소리를 지릅니다. "네가 뭘 알아!" 순간 아찔해집니다. '혹시 내가 모르는 사정이 있나? 제대로 알지도 못하면서 닦달한 건 아닌가?' 하고 말문이 턱 막힙니다. 발표 시간에 확신에 찬 주장을 펼치고 있는데 청중들이 눈을 똥그랗게 뜨더니 고개를 갸우뚱합니다. 순간 나 자신을 의심하지요. '내가 말실수라도 했나?' 하고 말입니다. 우리는 생각보다 스스로를 쉽게 의심하는 존재이지요.

가스라이터는 이런 심리를 이용하여 상대방을 조종합니다. 상대가 주체적으로 생각하고 합리적으로 상황을 분석하기 시작하면 조종당하지 않기 때문에, 당당하고 뻔뻔한 태도로 일관하지요. '네가 이상한 것 같은데?' 하고 이성보다 감정을 자극합니다.

상대방이 스스로 잘못 판단했다고 의심하게 만들거나 심지어는 미쳤다고 생각하게끔 유도하지요. 그렇게 무기력감에 빠지게 만든 다음 도움의 손길을 내밀어 원하는 방향으로 조종하기 시작합니다. 마치 수동적인 장난감 인형을 가지고 놀듯이 말이지요.

"그거 준비 됐어?" 친구가 갑자기 이런 말을 꺼낸다면 어떤 생각이 들까요? '그거'가 뭔지 떠올리려 노력할 것입니다. 그런데 그게 뭔지 도무지 생각나지 않는다면 나의 기억력을 탓하겠지요. 이런 심리를 이용하여 친구를 잔인한 함정에 빠트린 여인이 있습니다. 앞서 언급했던 소설《브레이크 다운》속 레이첼입니다. 레이첼은 캐시에게 뜬금없이 "너 그 선물 챙겼어?" 하고 문자를 보냅니다. 그 문자를 받은 캐시는 혼란에 빠집니다. '그 선물이 도대체 뭐지' 하고 말이지요. 캐시는 레이첼과 나눈 대화 내용을 자신이 기억하지 못한다고 생각합니다. 그 문자 하나를 시작으로 캐시는 신경쇠약에 빠져버립니다.

캐시에게 치매를 앓다가 돌아가신 어머니가 있다는 사실을 알고 있는 레이첼은 이 점을 이용해 캐시를 혼란에 빠트립니다. 캐시가 기억하지 못하는 것처럼 상황을 연출하지요. 선물에 대해 이야기한 적도 없으면서 '그' 선물 챙겼냐는 메시지를 보내거나 이전에 이웃들을 초대하기로 두 사람이 약속했다고 거짓말합니다. 레이첼은 자신의 기억을 의심하기 시작한 캐시에게 또 한 번 장난칩니다. 캐시의 남편 매튜를 통해서 말이지요. 레이첼과 불륜 관계였던 매튜는 아침에 갑자기 출장을 다녀오겠다고 통보합니다. 갑자기 웬 출장이냐는 캐시의 반응에 매튜는 오히려 다그치지요. 왜 지난번에 말한 것을 기억하지 못하냐면서요. 사실 말한 적도 없는데 말입니다. 매튜의 당당함에 캐시는 남편의 말을 믿고, 깜빡하는 일이 반복된다는 사실이 신경 쓰이기 시작합니다. 그리고 자신에게도 치매가 시작되었다고 확신하지요.

가스라이터는 기세등등한 태도로 가스라이티가 스스로를 의심하게 만듭니다. 이 염치없는 태도를 가스라이티는 눈치채지 못합니다. 오히려 '내가 이상한 건가?' '내가 잘못된 건가?' 하고 생각하게 되지요. 가스라이티가 스스로를 의심하기 시작하면 가스라이터가 감정적으로 닦달하는 것이 통하고 원하는 방향으로 통제하기가 쉬워집니다. 가스라이티는 가스라이터가 어떤 잘못을 해도 그 원인을 자신에게 돌리게 됩니다. 가해자는 면죄부를 얻게 되지요.

평범하기를 기대했던 세상에는 생각보다 이상한 사람이 많습니다. 그들은 시시각각 노리고 있지요. 사냥감을 노리는 늑대처럼 숨어서 자신의 입맛을 충족해 줄 사람을 말입니다. 스스로를 믿지 못하면 좋은 먹잇감이 됩니다. 자신을 의심하는 사람은 조종당하기가 십상이니까요. 그들에게 순순히 자신을 내어주지 마세요. 자기 자신을 온전히 지켜내는 방법은 스스로를 믿는 것뿐입니다.

내가 홀로 남겨진 까닭은

　　자기 의심에서 벗어날 수 있는 방법은 객관적으로 상황을 보는 것입니다. 하지만 감정적으로 흔들린 상태에서 객관적인 시각을 가지기란 여간 어려운 일이 아니지요. 다행히 주변에 도움을 주는 사람이 있다면 쉽게 빠져나갈 수 있습니다. 조언을 해주거나 나의 잘못이 아니라고 말해주는 사람이 있다면 말이지요. 하지만 가스라이터는 그렇게 만만한 상대가 아닙니다. 도움을 받도록 보고만 있을 리가 없지요.

　　민카 켄트의 소설 《내가 너였을 때》에는 묻지마 폭행을 당한 한 여자가 등장합니다. 주인공 브리엔은 괴한에게 이유 없이 잔인하게 폭행당하고 생명만 겨우 부지합니다. 그 뒤로 공포에 질린 채 하루하루를 살아가지요. 넓은 집에서 혼자 사는 게 두려웠던 브리엔은 하우스 메이트를 들이기로 하고, 그렇게 나이얼과의 동거가 시작됩니다. 크고 작은 문제를 함께해 주며 다정히 곁을 지켜주는 나이얼에게 브리엔은 금세 마음을 빼앗깁니다. 하지만 나이얼에게는 케이티라는 아내가 있다는 사실을 알게 되지요.

한편, 브리엔의 집에 정체를 알 수 없는 우편물이 도착합니다. 브리엔의 이름으로 떡하니 계약된 부동산 서류였지요. 알고 보니 어떤 여자가 브리엔의 신분을 도용했던 겁니다. 브리엔은 여자를 찾아냅니다. 도대체 누가 자기 인생을 도둑질하고 있는지 벼르고 있던 브리엔은 결판을 짓기 위해 여자가 있는 사무실로 찾아가지요. 드디어 사무실 문이 열립니다. 범죄자의 정체가 공개되는 순간, 마주한 사람은 다름 아닌 나이얼이었습니다. 그리고 그의 입에서 나온 충격적인 한마디. "케이트? 여기서 뭐하는 거야?"

'케이트는 나이얼의 아내인데, 왜 나를 케이트라고 부르지? 그리고 왜 이 사무실에 나이얼이 있는 거지?' 하고 브리엔은 혼란에 빠집니다. 나이얼은 차근차근 상황을 설명합니다. 사실 브리엔은 나이얼의 아내였습니다. 케이트는 사고 직후 해리장애가 생겼고 과거에 집착하던 친구 브리엔의 인격을 자신이라고 믿으며 살고 있던 것이지요. 모든 사실을 알게 된 브리엔, 아니 케이트는 정신병원으로 들어갑니다.

하지만 이야기는 여기서 끝나지 않습니다. 더 큰 반전이 기다리고 있지요. 알고 보니 브리엔은 케이트가 아니었습니다. 나이얼 역시 남편이 아니었고요. 브리엔의 재산을 가로채기 위해 접근한 사기꾼이자 가스라이터였던 겁니다. 사고 후 불안해하던 브리엔에게 접근해 자신을 신뢰하게 만든 다음 스스로 케이트라고 믿게 만들어 정신병원에 가두려 하지요. 다행히 정신병원에 갇힌 브리엔은 자신의 오랜 친구 마리솔의 도움을 받아 나이얼을 잡습니다.

대부분의 가스라이팅은 자신의 힘으로 벗어나기가 어렵습니다. 제3자의 도움이 필요하지요. 객관적인 시각으로 현실을 바라보기가 어렵기 때문입니다. 하지만 가스라이터는 이 부분마저 치밀하게 계산합니다. 처음부터 도움의 가능성이 있는 주변인을 원천 차단하고 계획을 실행하지요. 가스라이터는 자신의 목적을 이루기 위해 가스라이티를 고립시킵니다. 가족과 거리를 두게 만듭니다. 부모와의 갈등을 조장하여 독립을 유도하고, 형제자매와 싸움을 부추기지요. 친구를 잃게 만듭니다. 가까운 친구를 험담하여 멀어지게 만들거나, 심각하게 질투함으로써 만날 기회를 빼앗아 버리고요. 사회생활을 위해 꼭 필요한 관계도 차단해 버리는데요. 회식에 참석하지 못하게 만들거나 연락을 대신 받기도 합니다. 심지어 업무상 연락을 개인적 호감이라고 오해하게 만들어 다시 연락하지 말라고 엄포를 놓는 웃지 못할 상황이 벌어지기도 하지요. 심지어 적극적으로 상황을 조작해 관계를 엉망으로 만들기도 합니다.

《내가 너였을 때》이야기로 돌아가 보면 나이얼 역시 브리엔을 고립시켰습니다. 먼저 휴대폰에 있는 친구들의 연락처를 조작했지요. 전화번호 끝자리를 바꿔놓은 겁니다. 그 사실을 눈치채지 못한 브리엔은 틀린 번호로 친구에게 연락을 했고, 연결이 되지 않자 사고 이후 모두가 번호를 바꿨다고 오해하지요. 나이얼은 여기서 멈추지 않습니다. 혹시나 친구들이 먼저 연락하는 것을 방지하기 위해 다른 전략을 짜는데요. 마리솔의 남자친구에게 브리엔의 나체 합성 사진을 보냅니다. 우연히 남자친구의 휴대폰을 본 마리솔은 브리엔에게 화가 나 먼저 연락을 하지 않고, 소식을 전해 들은 마리솔의 친구들 역시 브리엔을 등지고 말지요.

묻지마 폭행으로 두려움에 떨던 브리엔이 의지할 수 있는 사람은 단 한 명도 없었습니다. 그때 나이얼이 나타난 것이지요. 구세주이자 영웅처럼 느껴졌을 겁니다. 모든 상황을 꿰뚫고 있던 나이얼은 적당한 선을 지키며 브리엔의 필요에 따라 움직여 줬고, 브리엔은 자석처럼 그에게 끌렸습니다.

그런 브리엔이 가스라이팅에서 벗어날 수 있었던 건 다름 아닌 마리솔의 도움 덕분이었습니다. 나체 사진 사건으로 등을 돌린 친구였지요. 그들은 서로 오해하고 있었지만 위기의 순간에 힘이 되어주었습니다. 그런 일이 있기까지는 큰 용기가 필요했을 텐데요.

상황을 모르던 브리엔은 자기가 힘들 때 등 돌렸다고 생각하는 친구에게 도움을 요청하고 싶지 않았을 겁니다. 도움을 거절할지 모른다는 두려움이 있었겠지요. 또 자존심도 상했을 겁니다. 사랑하는 사람에게 말도 안 되는 사기를 당하고 있다는 사실을 말해야 했으니까요. 마리솔 역시 곤란한 입장이었겠지요. 남자친구에게 나체 사진을 보낸 친구를 돕고 싶은 사람은 어디에도 없을 테니까요. 하지만 두 사람은 용기를 냈습니다. 브리엔은 자신이 처한 상황을 고백했고, 마리솔은 오해를 풀었지요. 두 사람은 힘을 모아 해결책을 찾기로 합니다.

갈등에는 보이지 않는 진실이 숨어 있기도 합니다. 힘들 때 옆에 없던 친구에게는 피치 못할 사정이 있었을지도 모르고, 본의 아니게 내가 오해를 일으켰을지도 모르지요. 막상 뚜껑을 열어 보면 별것도 아닌 사연이거나 제3자가 개입된 문제였을 수도 있습니다. 브리엔이 보낸 사진이 나이얼의 계략이었던 것처럼 말이지요. 그러니 일단은 용기를 내어 말해야 합니다. 친구가, 가족이, 당신이 필요하다고 말입니다.

가스라이티와 단절된 지인들은 상대방이 사랑하는 사람이 생기자마자 자신을 버렸다고 생각합니다. 괘씸함을 느끼지요. 가스라이티 역시 자신이 관계를 단절하는 데 주도적인 역할을 했다고 생각합니다. 그러다보니 도움을 청하기가 어렵습니다. 미안하고 민망한 마음에 차마 돌아가려는 엄두도 내지 못하지요. 하지만 지인들과 단절된 이유 또한 가스라이팅의 피해였음을 인정해야 합니다.

피해 사실을 받아들이는 것은 쉬운 일이 아닙니다. 자존심이 상하고 부끄럽지요. 가해자가 사랑하는 사람이라면 더욱이 그렇습니다. 하지만 홀로 남아서는 안 됩니다. 그것이야말로 가스라이터가 간절히 바라는 일이니까요.

가스라이터는 상대를 사회적으로 고립시키고 도움을 받을 수 없게 만듭니다. 자신을 의지하지 않고는 못 배기게 만들고 자기 세계에 가둬버리지요. 이 상황으로부터 독립해야 합니다. 하지만 독립을 향한 길은 아이러니하게도 또 다른 누군가를 의지하는 것입니다. 인간은 함께하는 존재이니까요.

가스라이티가 가스라이터가 되기까지

 소중한 사람이 가스라이터로 변해가는 과정을 볼 때가 있습니다. 그 사람 역시 가스라이티의 삶을 살아왔으면서 말입니다. 그의 삶을 충분히 이해하기에 안타까운 마음을 숨길 수 없으면서도, 그의 행동에 정당성을 부여할 수 없기에 미워하는 마음도 일어납니다. 양가감정이 생기지요.

 최은영 작가의 단편소설 〈당신의 평화〉에서 어머니 정순을 바라보는 딸 유진의 마음이 딱 그렇습니다. 정순의 삶은 어땠을까요? 정순은 가난한 집에서 아버지 없이 자라다가 넉넉한 집안의 아들과 결혼합니다. 이제 좀 평범한 가정에서 살 수 있으리라는 기대와 달리, 그 집의 주인은 자신이 아닌 시어머니라는 사실을 깨닫지요. 정순의 시어머니는 매달 쥐꼬리만큼 생활비를 주고 가계부를 정산하도록 합니다. 속옷 한 장이라도 살라치면 사치를 부린다며 면박을 줍니다. 그런 삶을 살면서도 정순은 이 부당함을 부당함으로 생각하지 못하고 살아가는데요. 그 배경에는 시어머니와 친정 어머니의 세뇌가 자리 잡고 있었습니다.

시어머니는 자신의 아들을 치켜세우며 정순이 남편을 잘둬서 팔자 좋게 산다고 말합니다. 정순의 친정 어머니 역시 말을 보태지요. 능력도 좋은데 폭력을 행사하지도 않고 다른 여자를 만나지도 않는 남자가 어디 있느냐고요. 이런 말을 반복해서 들은 정순은 자신이 정말 좋은 남편을 만난 것이라고 착각하기에 이릅니다. 남편과 시어머니가 아무리 부당하게 대해도 맞서지 못하지요.

어머니가 안타까운 유진은 언제나 정순의 편이 되어줍니다. 부당함을 부당하다고 말하고 정순 대신 목소리를 내지요. 하지만 정순은 오히려 안일합니다. 시어머니를 탓하지 않는 것은 물론, 어른들 하시는 말씀 틀린 것 없다며 시어머니 편을 들기까지 하지요.

하지만 한편으로는 울컥울컥 감정이 올라옵니다. 정순은 그 감정을 유진에게 쏟아내지요. 해결사는 되지 못하고 감정 쓰레기통만 될 뿐인 유진은 울화가 치밀어 오릅니다. 어머니의 일생이 안타까워 안아주고 싶다가도, 그 일생으로부터 벗어나려 노력하지 않는 한심함에 경멸이 섞이지요. 정순 곁에 남고 싶다가도 도망가고 싶은 두 마음은 유진 안에서 부지런히 싸우며 살아갑니다.

그러던 어느 날 정순에게 예비 며느리 선영이가 나타납니다. 유진은 어머니가 예비 며느리에게는 다정히 대해주기를 기대합니다. 자신도 언젠가는 예비 며느리가 될 테니까요. 하지만 정순은 유진의 기대를 저버립니다. 정순을 힘들게 했던 시어머니의 모습을 그대로 답습하기 시작한 것이지요.

시어머니가 돌아가시고 나서 정순네 집은 생일이면 외식을 했습니다. 밖에서 맛있는 음식도 먹고 수고도 덜자는 의미였지요. 하지만 선영이 찾아오기로 한 남편의 생일날이 되자 정순은 굳이 집에서 밥을 차려 먹자고 고집을 부립니다. 선영이 먹지 못한다고 아들이 누누이 말한 고기반찬을 기어코 밥상에 올려 난처한 상황을 만들고, 선영에게 일을 시키지 못해 안달이 나지요. 그 모습을 지켜보던 유진은 정순을 나무라고 선영이 손 하나 까딱하지 못하도록 중재하지요. 하지만 정순은 기어이 선영에게 설거지를 시키려고 합니다. 결국 분위기는 얼음장같이 차가워집니다. 선영은 돌아가고 유진과 정순은 감정싸움을 시작합니다.

정순은 며느리가 될 애한테 그 정도도 못하냐며 감정을 토해냅니다. 자신은 시어머니를 진짜 어머니로 생각하고 따르며 존경했는데, 선영은 그러지 않는 것 같다며 억울함을 호소합니다. 정순은 자신이 겪었던 부당함과 순응했던 자신의 태도에 의미를 부여하고 있었습니다. 진심이었다고, 시어머니에 대한 존경이었다고, 그건 옳은 행동이었다고, 그러니까 자신 역시 그 대우를 받을 자격이 있다고 울부짖고 있었습니다. 하지만 자기도 모르게 이런 말을 내뱉지요. "다 나를 무시했지." 정순은 알고 있었던 겁니다. 부당한 대우를 받아왔던 자신의 삶에 대해서 말입니다. 그럼에도 합리화하며 버텨왔던 것이지요. 유진은 그런 정순의 정곡을 찌릅니다. "지금 엄마 누구한테 화났어? 정말 선영 씨야?"

가만히 보면 정순의 공격 대상이 전치된 것을 확인할 수 있습니다. '전치displacement'란 당사자가 아닌 만만한 대상에게 자기 안의 욕구나 원망을 돌리는 방어기제를 말하는데요. 쉽게 말해 선생님한테 혼나고 연약한 친구를 괴롭힌다든지, 선배에게 혼나고 후배들을 집합시키는 것 등이 전치입니다.

정순은 시어머니와 친정 어머니의 반복되는 목소리, '이 정도면 감사해야 한다', '행복한 삶이다' 따위의 말에 자신의 욕구를 억압하면서 살아왔습니다. 부당함에 몸서리칠 때마다 그들의 말이 떠올랐을 겁니다. 그리고 자신의 솔직한 마음이 올라올 때마다 괴로웠겠지요. '내가 너무 바라는 게 많나? 예민하고 되바라진 인성을 가졌나?' 그러다보니 자신의 마음을 있는 그대로 인정하지 않고, 착한 며느리의 전형적인 모습으로 살게 되었던 것이지요.

세상이 우리에게 기대하는 전형적인 모습이 있습니다. 그 모습이 때로는 정당하지 않고 우리를 아프게 하더라도 우리는 확신을 가지지 못합니다. 너무 많은 사람이, 영향력이 있는 사람이 그렇게 사는 게 옳은 거라고, 자신들도 그렇게 살아왔다고 세뇌하니까요. 나의 진심을 외면하고 감정을 억압하게 됩니다. 하지만 문제는 그 모든 감정이 사라지지 않고 내 안에 머물러 있다는 것입니다. 그리고 만만한 대상에게 고스란히 흘러가지요.

서열이 있는 구조 속에서 가스라이팅은 되풀이됩니다. 낮은 자리에 위치하던 가스라이티가 그 시간을 버티면 가스라이터의 신념을 내면화한 채 올라서기 때문입니다. 정순 역시 그 시간을 버텨냈습니다. 그리고 세월이 흘러 그 행동을 강요할 수 있는 자리에 서게 되었지요. 자신이 들어온 말들, 세뇌받았던 신념은 강요해도 되는 근거가 됩니다. 자신이 해왔던 희생을 보상받기를 바라고 악행을 따라 하려 듭니다. 내가 겪어왔기 때문에 남이 겪는 것이 당연해지고 때로는 내가 겪은 것보다 강도가 약해진 세상을 미화하기도 합니다. '그래도 예전보다 나아진 거야, 이 정도면 감사해야지' 하면서 말입니다.

이런 어머니의 일생을 바라본 유진의 마음은 어땠을까요? 어머니의 아픔이 안타깝지만, 그 아픔을 무기로 삼아 타인에게 주는 고통까지 정당화해 주고 싶지는 않습니다. 결국 어머니를 떠나 살려고 하거나 비수를 꽂는 말로 어머니에게 상처를 주지요. 그런다고 어머니를 변화시킬 수 있을까요?

어릴 적 들었던 해와 바람의 이야기가 떠오릅니다. 지나가는 나그네를 본 해와 바람이 내기를 했습니다. 나그네의 옷을 누가 더 빨리 벗기는지 말이지요. 바람이 거세게 입김을 불어 나그네의 옷을 벗겨내려 애썼지만 그럴수록 나그네는 옷을 더 강하게 여몄습니다. 하지만 따뜻한 햇살이 내리쬐자 나그네는 자연스럽게 겉옷을 벗었지요. 우리가 할 수 있는 일도 바로 이런 것 아닐까요?

바람처럼 차갑고 논리적인 말로 소중한 사람을 바로잡으려 할 때가 있습니다. '엄마도 똑같이 고생했으면서 왜 또 며느리를 고생시키려 들어?' '선배도 힘들었으면서 왜 후배한테 대물림하는 거예요?' 맞는 말이지만 그 말을 들을수록 당사자는 더 마음 문을 굳게 닫습니다. 찬바람에 옷깃을 여미는 나그네처럼 말이지요. 이때 필요한 것은 따뜻한 말 한마디, 즉 '공감'입니다. '그 시대에는 이런 게 당연했지, 힘들었겠다. 애썼다. 우리 이제는 되풀이하지 말자, 이제라도 다 함께 행복해지자' 하고 토닥여 주는 것이지요. 그렇게 연대하는 것입니다.

최은영 작가의 장편소설 《밝은 밤》 속 화자는 언제나 엄마를 원망합니다. 지는 게 이기는 거라고, 똑같이 굴면 똑같은 사람이 되는 거라고, 그냥 너 하나만 죽이고 살면 된다고 패배감 젖은 말로 힘 빠지게 만들기 때문입니다. 힘내라고, 맞서 싸우라고 말해

줘도 모자랄 판국에 자꾸만 굴복을 강요하는 엄마에게 자신은 그런 삶을 원하지 않는다고 화를 냅니다. 그러다 문득 생각에 빠집니다. "왜 분노의 방향은 늘 엄마를 향해 있었을까. 엄마가 그런 굴종을 선택하도록 만든 사람에게로는 왜 향하지 않았을까."

우리는 왜 엉뚱한 곳에 분노를 내비치고 있는 걸까요? 사실 향해야 할 분노의 방향은 다른 곳인데 말이지요. 우리가 분노해야 할 대상은 사회와 문화적 구조이지, 그 세상에 세뇌당한 피해자가 아니라는 사실을 자꾸 잊어버립니다.

이 순간 가장 안타까운 사람은 누구일까요? 피해자였으면서 가해자가 된 사람입니다. 자기 목소리를 내면 안 되는 시대에 살았던 사람들. 그들이 힘들었을 때는 아무도 손 내밀어 주지 않았고, 아무도 위로해 주지 않았습니다. 당연한 일이라고, 이 정도면 감사한 일이라고 그저 견디라고 했지요. 그래 놓고는 이제 세상이 변했으니 또다시 받아들이라고, 달라진 세상에 적응하라고 말합니다. 앞선 세대에 대해서는 희생을 강요하더니 이제는 아래 세대를 존중하라고 강요합니다. 이런 상황에서 그들은 누구를 의지할 수 있을까요?

젊은 세대는 앞선 세대의 희생과 투쟁으로 얻은 각종 사회적·문화적 혜택으로 많은 것을 배우고, 많은 것을 보고, 목소리를 내는 법을 배웠습니다. 이전 세대가 할 수 없던 일을 젊은이들이 할 수 있는 이유이지요. 이들이 해야 할 일은 비난의 화살을 쏘는 것이 아니라 피해자의 마음에 박힌 화살을 뽑아주는 것입니다. 피해자는 그 화살을 하나씩 꺼내 또 다른 사람에게 쏘아버리고 있거든요. 더 이상 쏠 화살이 없을 때 공격을 멈출 수 있습니다. 가스라이터가 되어가는 그들의 손을 잡아주는 것, 그 따뜻한 손길이 대물림되는 가스라이팅을 비로소 멈추게 할 것입니다.

3
.
치밀하고 친밀한 적
가스라이터

가스라이터의 세 얼굴

가스라이팅이라는 용어가 유행하면서, 적절하지 않은 상황에 가스라이팅당했다고 말하는 일도 늘어갑니다. 타인의 간섭이 불편할 때, 불리한 상황에 처했을 때, 내 의도와 다르게 상황이 흘러갈 때 일단 가스라이팅하지 말라고 말합니다. 또 반대로 명백한 가스라이팅인데도 불구하고 저 사람은 나쁜 사람이 아니라며 감싸는 경우도 있지요.

가스라이팅이 알 듯 말 듯 애매하게 느껴지는 이유는 가스라이터의 성향과 드러나는 모습이 천차만별이기 때문입니다. 어떤 가스라이터는 누가 봐도 나쁜 인간처럼 보이지만, 또 다른 가스라이터는 그렇지 않거든요. 가스라이팅이라는 개념을 처음 제안한 로빈 스턴은 그의 저서 《그것은 사랑이 아니다》에서 가스라이터를 세 가지 유형으로 구분하였는데요. 과연 가스라이터는 어떤 모습을 하고 우리 앞에 나타날까요?

난폭한 가스라이터

첫 번째 유형은 난폭한 가스라이터입니다. 딱 봐도 저 인간은 나쁘다고 판단할 수 있는 유형이지요. 그들은 자신이 원하는 결과를 얻기 위해 난폭한 행동을 일삼습니다. 윽박을 지르거나 냉대하고, 심하게는 물리적 폭력과 범죄행위에도 가담하지요. 한정현 작가의 소설 《줄리아나 도쿄》에서도 난폭한 유형의 가스라이터가 등장합니다.

유키노라는 일본 남성은 우연히 한수라는 한국 남성을 만납니다. 두 사람은 이내 사랑에 빠지고 말지요. 하지만 둘의 만남은 서로에게 유해한 관계로 흘러갑니다. 한수가 처음 가스라이팅을 시도한 장소는 마트였습니다. 두 사람이 처음으로 장을 보러 간 날, 유키노는 특별한 이유 없이 잠잠했습니다. 왜 우리도 그런 날이 있잖아요. 가까운 사람과 함께 있을 때 특별히 어떤 말을 하지 않아도 되는 순간 말이지요. 그런데 한수는 그런 유키노를 오해하고 화를 냅니다. 자신이 일본어를 못 해서 부끄러웠으면 그렇다고 말해야 할 것 아니냐고 따지지요. 갑작스러운 한수의 분노에 유키노는 자신이 대단한 실수라도 한 것 같아 그를 달래지요.

이날 이후로 한수는 사소한 일에도 반복해서 화를 내는데요. 집착과 분노, 광기가 점점 심해지자 결국 유키노는 한수를 떠나기로 결심합니다. 하지만 한수는 유키노를 비난하지요. 너를 만나서 정상으로 살 기회를 놓쳤는데 그런 자신을 버리려 한다고 말입니다. 한수는 유키노가 책임감과 죄책감을 느끼기를 바랐습니다.

다 큰 성인이 만남을 가졌습니다. 그 관계에 따른 비용은 서로의 몫이지요. 하지만 한수는 그 모든 책임을 유키노에게 떠넘깁니다. 유키노는 그 무게를 모두 짊어지지요. 결국 관계의 방향은 한수가 원하는 식으로 흘러갑니다. 한쪽이 기울어진 저울처럼 균형이 맞지 않는 관계가 되어버리지요.

유키노가 떠나려 할 때마다 한수는 극단적인 행동을 합니다. 유키노 앞에서 유키노의 어머니 사진을 칼로 긁거나 그의 어머니를 찾아가 협박을 하는 등 불안하게 자극합니다. 그렇게 해서라도 자신을 떠나지 못하게 하지요. 이처럼 상대방을 조종할 때, 눈에 보이게 뚜렷한 문제 행동을 드러내는 유형이 난폭한 가스라이터입니다.

난폭한 가스라이터 하면 사이코패스psychopath를 쉽게 떠올립니다. 극악무도한 연쇄살인범 하면 떠올리는 이미지지요. 물론 모든 사이코패스가 범죄자는 아닙니다. 하지만 가스라이터 중에는 사이코패스 성향을 가진 사람이 많습니다. 사이코패스는 선천적으로 공감을 관여하는 뇌 부위에 문제가 있는 사람입니다. 타인의 감정을 잘 읽지 못하지요. 공식적인 진단명은 반사회적 성격장애 antisocial personality disorder입니다. 말 그대로 사회에 반하는 행위를 쉽게 하여 삶을 잘 기능하지 못하는 이들이지요. 가장 큰 특징은 공감 능력이 결여되어 있다는 것인데, 다른 사람의 아픔을 이해하지 못하기 때문에 자신이 원하는 방향으로 타인을 소홀하는 일이 어렵지 않습니다. 공감이 가능하다면 미안해서 할 수 없는 행동도 서슴지 않고 하지요.

경계선 성격장애borderline personality disorder 또한 가스라이팅과 관련 있는 성격장애입니다. 경계선 성격장애의 특징은 타인에게 버림받지 않으려고 애쓰는 모습을 보이는 것인데요. 타인을 대하는 그들의 태도는 극단적으로 변합니다. 처음에는 좋아하는 상대를 신격화합니다. '너는 정말 멋져, 완벽해. 최고야. 너 같은 사람은 다시는 못 만날 거야.' 그러다 마음에 들지 않는 모습을 보게 되면 한순간에 태도를 바꿔 폄하합니다. '어떻게 나에게 이럴 수가 있어? 너는 정말 쓰레기 같은 인간이야. 꺼져버려.' 조력자로 다가가 집착하다가 처벌자로 돌변해 괴롭히지요. 그들은 거절에 대한 민감성이 높기 때문에 자신을 사랑하지 않는다는 신호가 느껴지면

격분합니다. 그리고 자살 제스처나 자해 같은 극단적인 행동으로 상대방을 꼼짝 못 하게 만듭니다.

넷플릭스 오리지널 시리즈 〈너의 모든 것〉에서는 벡이라는 여자에게 사랑에 빠진 사이코 조가 등장합니다. 조는 벡이 자신에게 어울리는 여자인지 확인하기 위해 스토킹을 시작하지요. 조는 벡에게 허영심 많은 친구들이 있다는 사실을 알게 됩니다. 그래도 피치라는 친구는 그나마 나아 보였지요. 벡이 경제적으로 어렵다는 사실을 알고 유일하게 걱정해 주는 친구였거든요. 부유한 가정의 딸인 피치는 벡에게 돈도 빌려주고, 친절한 조언도 건넸습니다. 하지만 조의 끈질긴 스토킹 덕분에 피치의 본색이 드러나고 맙니다.

피치는 벡을 아끼고 걱정하는 것처럼 보이지만, 사실 벡을 소유하고 싶어 집착합니다. 함께 어울리던 한 친구는 이렇게 표현하지요. 피치에게 벡은 애완동물 같은 존재라고요. 피치의 노트북에는 벡의 야한 사진이 가득합니다. 벡이 자신에게 상처를 주면 언제든 SNS에 유포하기 위해 마련해 둔 대비책이었지요. 피치가 벡을 가스라이팅하는 장면은 드라마 곳곳에서 발견됩니다. 두 사람이 별장에 놀러가는 에피소드를 보면, 피치가 벡에게 마약과 술을 먹이고 자신의 남자친구를 불러 야릇한 분위기를 연출합니다. 그리고 벡에게 키스를 시도하지요. 오랜 동성 친구의 돌발 행동에 벡은 정색을 하지만 피치는 오히려 화를 냅니다. 항상 이런 식이라고, 별것도 아닌 상황에 난리를 친다며 말이지요. 상대의 정당한 반응을 예민하다고 치부하는 건 전형적인 가스라이팅 언어 패턴입니다.

피치의 실체를 알게 된 조는 벡에게 사실을 알려주고, 벡은 피치에게 거리를 두기 시작합니다. 그러자 피치는 벡을 붙잡기 위해 수면제를 과다 복용하고 자살 기도를 하지요. 벡은 자기 때문에 피치가 위험에 처했다며 자책하고 용서하기로 합니다. 피치를 간호하고 곁에 있어주겠다고 약속하지요. 하지만 조는 알고 있습니다. 피치가 죽지 않을 만큼만 약을 먹었다는 사실을 말이지요. 자신이 소유하고 싶은 대상에게 집착하고 관계가 깨질까 두려워 극단적인 행동으로 상대방을 통제하는 피치의 모습은 경계선 성격장애의 특징을 많이 닮아 있습니다.

자기애성 성격장애narcissistic personality disorder 또한 가스라이팅과 관련 있는 성격장애인데요. 자기애성 성격장애를 이해하기 위해서는 그리스 신화의 나르키소스 이야기를 빼놓을 수 없습니다. 나르키소스는 얼마나 잘생겼던지 물가에 비친 자신의 모습에 반하고 맙니다. 자기 자신을 그리워하며 온종일 물가에 비친 자신만 바라봅니다. 결국 그는 물가에 빠져 죽게 되는데요. 이 이야기에서 나르시시즘narcissism이라는 말이 유래했지요. 나르시시즘은 자신에게 과도하게 애착하는 것을 뜻합니다.

나르시시즘에 빠진 사람들은 자신을 극단적으로 사랑하는 사람들입니다. 자신을 과대평가할 뿐만 아니라 다른 사람들 역시 자신을 그렇게 대우해야 한다고 믿지요. 적당히 인정하는 게 아니라 자신을 숭배해야 한다고 믿는 사람들입니다. 자신은 특별한 사람이라고 생각하고 이를 끊임없이 확인받기를 원합니다. 만약 상대가 자신의 기대만큼 대우해 주지 않는다면 당황하고 분노하지요.

　《완전한 행복》의 저자 정유정은 자신의 소설 속 등장인물인 유나를 나르시시스트라고 소개했는데요. 유나는 어린 시절 자신이 겪은 어려운 상황을 받아들이지 못하고 성인이 되어서도 여전히 분개합니다. 그리고 그 마음을 채우기 위해 수단과 방법을 가리지 않고 사람들을 이용하지요. 자신의 행복을 이루기 위해서라면 살인까지도 마다하지 않습니다.

　유나의 마음 한편에는 '나는 특별하다. 그러니 행복한 사람이어야 한다. 불행하게 사는 일은 나에게는 있을 수 없다'는 나르시시즘 사고방식이 숨어 있습니다. 그렇기 때문에 자신에게 부당하다고 생각되는 일이 일어났을 때 받아들일 수 없었던 것입니다. 현실에 적응하려 하지 않고 원망을 키우며 살아가지요. 언젠가는 모두 되찾겠다는 욕망과 함께 말입니다. 그 마음이 잘 드러나는 문장이 소설 속에서도 유난히 돋보입니다. "행복은 뺄셈이야. 완전해질 때까지, 불행의 가능성을 없애가는 거." 설핏 읽기에는 근사한 명언처럼 느껴집니다. 하지만 냉철한 시선으로 바라보면 소름 끼치는 이야기지요.

삶은 완벽할 수 없습니다. 먹고 싶다고 다 먹을 수 없고 갖고 싶다고 다 가질 수 없지요. 우리는 경험을 통해 이 사실을 깨닫습니다. 현실을 인정하고 순응하며 살아갑니다. 그 대신 크고 작은 즐거움을 경험하며 행복을 누리고 이 행복을 마음속에 차곡차곡 쌓아놓습니다. 살다가 어려운 일을 마주칠 때, 쌓아놓은 그 힘을 꺼내 견뎌내는 것이고요. 평범한 이들에게 행복이란 수많은 어려움 가운데서도 달콤한 추억을 하나둘씩 더하는 것입니다.

자기애성 성격장애의 특징은 나르시시즘입니다. 다른 사람이 자신에게 헌신하는 것을 당연하게 여기고 타인의 감정이나 욕구 따위에는 관심이 없지요. 착취에 익숙하고 그런 행동에 죄책감을 가지지 않습니다. 그들은 수단과 방법을 가리지 않고 자신의 기쁨을 위해 타인을 이용할 수 있는데, 그중 하나가 가스라이팅입니다. 소설 속 유나도 마찬가지인데요. 유나는 어린 시절, 어려운 집안 사정으로 잠시 할머니네로 보내졌던 기억을 들먹이며 가족들을 조종합니다. 부모가 자신을 버렸던 것이라고 곡해하며 원하는 모든 것을 내놓으라고 요구하고, 자기 대신 행복한 삶을 누렸다고 언니를 도둑년 취급합니다. 원망 어린 말로 가족들을 죄책감에 사로잡히게 만들고 지나친 요구도 거절할 수 없게 만들지요.

난폭한 가스라이터에게는 공통점이 하나 있습니다. 눈에 드러날 정도로 강압적인 방식을 통해 상대방을 통제하려는 것이지요. 지내다 보면 저 사람에게 문제가 있고 함께하는 게 위험하다는 사실을 피부로 느낄 수 있습니다. 하지만 이 관계에서 벗어나는 일이 두렵습니다. 그들은 분명한 목적을 이루기 위해 집요하게 접근하기 때문입니다. 자해 행위로 상대방에게 죄책감을 심어주고 물리적·심리적 폭력으로 상대방을 무기력하게 만들지요. 알면서도 끊어내기가 힘든 관계의 늪에 빠지게 만드는 유형입니다.

선량한 가스라이터

초등학교 5학년 때 깨비라는 이름의 강아지를 가족으로 맞이했습니다. 눈이 하도 커서 도깨비 같다는 이유로 전 주인이 붙인 이름이었지요. 깨비는 소형견이었지만 저와 함께 살며 5킬로그램에 육박하는 강아지로 자라났습니다. 과자 봉지라도 바스락거리면 그 똥그란 눈을 뜨고 애처로운 눈빛으로 쳐다보니 혼자 먹는 제 자신이 잔인하게 느껴졌습니다. 안타까운 마음에 한 입 두 입 나눠주다 보니 그 사달이 벌어진 것이지요.

어른이 되어 반려동물 관련 책을 읽던 저는 충격적인 사실을 알게 됩니다. 개는 늑대의 후손으로, 자기보다 서열이 높은 상대에게는 절대 눈을 마주치지 못한다고 하는데요. 만약 개가 눈을 동그랗게 뜨고 초롱초롱한 눈망울로 보호자를 바라본다면 그건 자기보다 서열이 낮거나 적어도 동등하다고 보고, 의도적으로 불쌍한 표정을 짓는다는 것이지요. 애니메이션 〈슈렉〉 속 고양이처럼 짠한 그 표정에 깜빡 속아 음식을 나누어주도록 말입니다.

귀여운 강아지처럼 선한 모습을 하고 상대를 조종하는 사람들이 있습니다. 바로 선량한 유형의 가스라이터입니다. 그들은 문제 행동이 드러나기는커녕 오히려 좋은 사람으로 느껴집니다. 가면을 쓰고 다가오기 때문이지요.

괴롭히던 상사가 있었습니다. 오랜 고민 끝에 사직서를 내기로 마음먹었지요. 그러자 상사가 다가와 다정한 말을 꺼냅니다. 다 너를 위해 그랬다고, 이렇게 상처받을 줄 몰랐다고요. 네가 우리 팀의 에이스인데, 말을 안 했을 뿐이지 너만큼 잘하는 사람이 어디 있냐며 나를 치켜세웁니다. 사실은 비밀이었는데… 라는 말로 운을 띄우며 준비해 놓은 계획을 이야기합니다. 대단한 프로젝트에 참여시켜 줄 예정이었고, 승진을 준비 중이었고, 보너스를 줄 예정이었고, 어쩌고저쩌고. 달콤한 유혹에 속아서는 안 됩니다. 사실 속마음은 이러니까요. '안 돼, 내 노예가 도망가려 하고 있어, 아무 말이나 해서 붙잡아야 해.' 하지만 순진한 어린 양은 곧이곧대로 믿고 속아 넘어갑니다. 상사의 진심을 몰라주었다는 생각에 오히려 미안해지고 결정을 번복하기로 합니다. 상사의 기대에 부응하기 위해 최선을 다해 노력하지요. 하지만 상사가 말했던 일은 벌어지지 않습니다. 괴롭힘만 계속되지요.

선량한 가스라이터는 나에게 도움을 주는 사람처럼 다가오지만 결과적으로 실망감을 안깁니다. 다정하게 접근하지만 불편한 마음이 남게 하지요. 나를 위한다고는 하는데 내가 원하는 결과가 돌아온 적은 없습니다. 하지만 우리는 그의 마음만은 진심이었다고, 악의는 없다고 이해하려 애써 노력합니다. 그에게 진심이라고는 눈곱만큼도 없었지만 말이지요.

선량한 가스라이터는 합리적이고 좋은 사람처럼 보이기 위해 노력합니다. 그래서인지 그들과 함께하는 동안은 챙김 받고 있다는 생각이 듭니다. 늘 양보 받고 있는 기분이 듭니다. 그렇다고 만족스럽지는 않고 어쩐지 불안해지기만 하지요. 그들의 내면에는 상대방을 조종하고 제멋대로 다루고자 하는 마음이 숨겨져 있으니까요. 위로와 공감을 받는데 마음 한구석은 계속해서 찝찝합니다. 나를 위한다는 그 말이 나를 더 불편하게 만들고 대화를 하고 나면 불쾌해지곤 하지요. 하지만 그 이유를 알 수 없습니다. 상대의 호의를 받아들이지 못하는 나의 인성이 문제인 것처럼 느껴집니다. 결국에는 내가 더 잘하겠다는 다짐으로 마음을 다잡습니다.

〈너의 모든 것〉의 피치가 처음부터 난폭한 가스라이터였던 것은 아니었습니다. 오히려 선량한 가스라이터에 가까웠지요. 피치는 벡이 어려울 때마다 물심양면으로 돕는 시늉을 하며 벡을 조금씩 무너트렸습니다. 자신이 아니면 아무것도 할 수 없게 만들었지요.

벡은 작가지망생이었습니다. 에이전시와 계약을 앞둔 어느 날, 피치는 축하는 못 해줄망정 화를 냅니다. 에이전시가 수준이 떨어진다며 벡의 선택을 비난하지요. 자신이 알고 있는 유명 에이전시와 계약을 준비해 두었다며 눈앞의 계약을 무마해 버립니다. 벡은 피치를 신뢰하고 도움을 고맙게 받아들입니다. 하지만 피치는 중요한 순간에 계약을 하지 못하도록 상황을 조작합니다. 심지어 에이전시 대표에게 벡이 성추행을 당하도록 내버려 두기까지 하지요.

이런 피치의 농락을 벡은 눈치채지 못합니다. 친구의 선량함을 믿고 고마워하지요. 그렇게 스스로 성공할 수 있는 기회를 놓치고 피치 없이는 아무것도 할 수 없는 의존적인 상황으로 고립되어 갑니다. 그러면서도 늘 자신을 위해 노력해 주는 피치에게 고마워하지요.

선량한 가스라이터는 우리의 가장 가까운 곳에 존재할지도 모릅니다. 이를테면 부모의 모습으로 말이지요. 세상에는 훌륭한 부모도 많지만 그렇지 않은 부모도 많습니다. 하지만 우리는 부모라는 이름만으로 그들을 신격화하지요. 아버지의 헌신과 어머니의 희생을 떠올리면 이유 없이 죄송한 마음부터 올라옵니다. 부채감이 들고 마음이 먹먹해집니다. 그래서 그들의 요구에 거역하는 일은 감히 상상도 못 합니다. 잔인하게도 이 마음을 이용하는 부모가 존재하지요.

《당신은 사람 보는 눈이 필요하군요》의 저자 크리스텔 프티콜랭은 해로운 부모의 몇 가지 조건을 이야기했는데요. 그중 첫 번째가 바로 자식에게 부모 자신을 신격화하는 것입니다. 아이가 부모를 신격화하기 시작하면 이상화된 시선을 가집니다. 감사와 존경을 넘어서 극단적인 기준으로 부모를 바라보지요. 부모의 어떤 명령에도 복종하고 토를 달아서는 안 된다고 믿습니다. 그 요구가 부당해도 말입니다.

부모 역시 사람이기 때문에 실수를 합니다. 잘못된 판단을 하고 무리한 요구도 합니다. 욕심과 이기심이 자식을 향한 사랑을 넘어서는 순간도 있습니다. 감정이 앞서 상처를 주기도 하지요. 이럴 때 자식은 서운한 마음을 가질 수 있고, 반발해도 괜찮습니다. 부당한 요구에는 거절할 권리도 있고, 바로잡을 자격도 있습니다. 희생과 헌신이 전제되었다고 해서 잘못마저 정당화될 수는 없으니까요. 하지만 선량한 가스라이터의 모습으로 다가온 그들을 거역하기란 쉬운 일이 아닙니다.

선량한 가스라이터와 함께하면 마음이 무겁습니다. 고마운

데 서운하고, 미안한데 화가 납니다. 그 마음 때문에 양심의 가책을 느끼지요. 그래서 처음 마음을 부정하려고 합니다. 하지만 처음 마음이 진짜입니다. 그 마음을 부인하다 보면 선량한 가스라이터를 알아보는 데 실패하지요. 자신의 감정에 솔직해지세요. 그래도 괜찮다고 토닥여 주세요. 그래야 비로소 상대방의 진실을 파악할 수 있습니다. 그가 선량한 사람인지, 선량한 가면을 쓴 가스라이터인지 말입니다.

매력적인 가스라이터

B. A. 패리스의 소설 《비하인드 도어》에서는 매력적인 남자 주인공 잭이 등장합니다. 자상한 동시에 헌신적이기까지 한 완벽한 캐릭터입니다. 그런 남자를 독차지하는 행운의 주인공이 있었으니 바로 그레이스였는데요. 그레이스에게는 다운증후군을 가진 동생이 있었습니다. 그레이스는 동생을 돌보느라 사랑은 꿈도 꾸지 않았지요. 그런데 잭이 다가옵니다. 그레이스에게도 친절하지만 동생에게 유독 다정했지요. 그레이스는 그런 잭의 모습에 반해 결혼을 결심합니다. 하지만 결혼 첫날밤, 잭은 본색을 드러내지요.

샤워를 마치고 나온 그레이스는 크게 당황합니다. 신랑이 사라져 버렸기 때문인데요. 메모 하나 남기지 않고 증발한 잭은 전화도 받지 않고 메시지에 답도 없습니다. 그의 무례함에 화가 났다가 무슨 일이 생긴 건 아닌지 걱정도 됩니다. 정신이 혼미해져 미친 듯이 그에게 연락을 시도하지요. 새벽이 되어서야 잭에게 메시지가 도착합니다. 그레이스는 읽지도 않은 메시지의 내용을 이미 짐작하지요. 회사에 급한 일이 있어 나왔다, 회의 중이라 연락이 닿지 않았다, 미안하다, 걱정 말고 기다리고 있어라. 언제나 다정한 그였으니 충분히 예상할 수 있는 반응이었지요. 하지만 현실은 기대를 처참히 빗나갑니다. 그는 지나치게 차가운 말투로 다그쳤지요. 신경질적으로 굴지 마라, 이런 모습은 당신에게 어울리지 않는다, 아침에 보자. 미안하다는 말은커녕 자세한 상황 설명도 없는 그의 건조함에 그레이스는 자신이 알던 잭이 맞는지 혼란을 느낍니다.

잭 같은 사람들을 매력적인 가스라이터라고 부릅니다. 드라마 속 주인공마냥 완벽한 모습으로 나타나 사랑에 빠지게 만듭니다. 인생에 다시없을 특별한 존재처럼 보여, 주변 사람들마저 엄지를 치켜들게 만드는 매력덩어리입니다. 절대 놓쳐서는 안 될 것 같이 느껴지지요. 하지만 상대방이 푹 빠진 순간 본색을 드러내고 자신이 원하는 방향으로 관계를 주도해 갑니다.

매력적인 가스라이터를 생각하면 소시오패스sociopath가 떠오릅니다. 소시오패스는 사이코패스와 자주 혼용되는 용어로, 사이코패스와 함께 반사회적 성격장애로 분류되는데요. 둘은 발병 시기로 구분됩니다. 사이코패스가 선천적으로 공감 능력이 결여된 사람이라면 소시오패스는 후천적으로 타인을 공감하지 못하는 사람이지요. 소시오패스는 학대나 방임과 같이 결핍된 환경 속에서 자라면서 점차 발병하는 것으로 보고 있습니다. 이들은 불만을 해소하기 위해 비도덕적인 행동을 시도하고 그 행동이 원하는 결과를 가져온다는 사실을 학습하면서 타인을 이용하는 데 익숙해집니다. 그들의 악행은 경험을 통해 습득된 기술이기 때문에 상당히 정교합니다. 사이코패스와 달리 타인의 감정을 잘 이용하고 목적을 위해서는 친절을 베풀기도 하지만 연기일 뿐이지요.

《완전한 행복》 속 유나는 나르시시스트인 동시에 소시오패스입니다. 불행했던 환경에서 벗어나기 위해 타인의 마음을 이용하는 기술을 얻었고, 그 기술 중 하나로 매력을 드러내기 시작했지요. 유나는 만나는 남자마다 자신에게 푹 빠지게 만든 다음 연애를 합니다. 결혼 후 본색을 드러내 주도권을 갖지요.

매력적인 가스라이터는 상대가 어떤 상황에서 설레는지, 어떻게 대할 때 행복해하는지 잘 아는 전략가입니다. 사랑에 빠지게 만들고 자기가 아니면 안 되게 만듭니다. 그들이 본색을 드러내도 가스라이터는 쉽게 관계를 끝내지 못하는데요. 이만큼 매력적인 사람을 다시 만나지 못할 거라는 불안감과 다시 예전 모습으로 돌아올 거라는 기대감 때문이지요. 사랑을 갈구하면서 관계에서 주도권을 빼앗기고 가스라이터가 원하는 방향으로 따라가게 됩니다. 말 그대로 중독적인 사랑에 빠지고 마는 것입니다.

가스라이터를 세 유형으로 분류했지만 그들이 어느 한 유형에 뚜렷하게 속하는 것은 아닙니다. 오히려 다양한 유형의 모습을 동시에 가지고 있지요. 난폭한 가스라이터가 정신을 차린 척 선량한 가스라이터로 다가오기도 하고, 매력적인 가스라이터가 난폭한 가스라이터로 돌변하기도 합니다. 성격장애 또한 여럿이 동시에 발현되는 경우가 많기 때문에 어느 하나의 진단명으로 그들을 판단하기는 어렵지요. 우리가 기억해야 할 것은 가스라이터의 모습이 그리 단순하지 않다는 사실뿐입니다..

다 널 위해서 그러는 거야

특강이 끝나고 질문이 하나 들어왔습니다. "회사에서 후배 직원에게 조언을 해줬는데, 그 친구가 왜 자기를 가스라이팅하냐고 화를 내더군요. 기분 나쁘게 하지 않으면서 그 사람을 바꿀 수 있는 방법은 없나요?" 저는 되물었습니다. "그 사람이 변해야 하는 이유는요?" 그는 이렇게 답했습니다. "다 그 친구 위해서 하는 말이죠." 그 말을 듣고 지난 학기의 제 모습이 떠올랐습니다. 학기가 끝나고 한 학생에게 메일 한 통을 받았던 그때를 말입니다.

제목: 심개론 수업 들은 학생인데요.

내용: 2번 문제 답이 뭔가요?

본인이 누구인지 밝히기는커녕 인사 한마디 없이 날린 이 메일을 읽는 순간 귀가 빨갛게 달아올랐습니다. 순간 그 감정이 무엇인지 몰라 이런 생각을 했지요. 이 친구 나중에 사회 나가면 큰일 나겠네, 직장에서 사수한테도 이렇게 메일 보내면 어떻게 하지? 내가 심리학을 가르치는 사람인데, 적어도 기본 예의 정도는 알려줘야겠어. 차분히 생각을 정리하고 답장을 보냈지요.

시험 답안은 족보가 될 수 있어서 공개하지 않아요. 양해 바라고, 수업 시간에 메일 보낼 때는 자신의 학번, 이름 그리고 인사 정도는 보내주면 좋을 것 같아요. 앞으로 사회생활에서도 마찬가지 :) 그럼 수고해요! 즐거운 방학 보내고요!

화내지 않고 할 말은 센스 있게 전하는 친구 같은 교수가 되었다는 생각에 뿌듯했습니다. 자신의 실수에 아차! 하며 조언에 감사하다고 답이 오지는 않을까 내심 기대도 했습니다. 하지만 읽지 않음이 수신 확인으로 바뀌고 하루가 지나 이틀이 되어도 답장은 오지 않았습니다. 그렇습니다. 제 메일은 무참히 무시당한 것이었습니다. 기대감은 민망함으로, 뿌듯함은 분노로 바뀌었지요. 답장을 받지 못한 저는 상당히 기분이 상했습니다. 호의를 거절당한 기분이었지요. 하지만 저는 진짜 호의를 베푼 걸까요? 정말 그 친구를 위해 그 메일을 보냈던 걸까요?

우리는 종종 "다 너를 위해 하는 말이야"라며 이야기를 꺼냅니다. 자매품으로는 "기분 나빠하지 말고 들어"가 있습니다. 하지만 이 말이 정말 상대방을 위해 나오는 경우는 거의 없습니다. 상대방에 대한 불만을 말하고 싶지만 내 이미지를 지키고 싶을 때 무기로 사용하지요. 이런 유의 조언은 크레파스 맛에 가까운 카카오 99퍼센트 함유 초콜릿을 달콤한 초콜릿이라고 포장하는 것과 같습니다. 겉으로 보기에는 달콤해 보이지만 한 입 물면 지옥의 맛을 느끼는 그 초콜릿 말이지요.

사람은 누구나 다른 사람에게 좋은 사람으로 보이고 싶어 합니다. 하지만 가끔은(혹은 아주 자주) 나쁜 사람으로 비칠 만한 행동을 하고 싶을 때가 있습니다. 안 좋은 평가를 받을 게 뻔한 그 행동을 말입니다. 그때는 간단한 해결책이 있습니다. 하지 않으면 되는 것이지요! 참 쉽지요? 하지만 안타깝게도 그 행동을 하지 않고는 못 배기는 순간이 오고야 맙니다.

말이라는 게 그런데요. 상대방에게 꼭 하고 싶은 말이 생겼을 때, 그 말을 하면 상대방이 불쾌해지리라는 걸 압니다. 하지만 결국 말을 꺼내고야 말지요. 그만해야 하는데, 하는데 하면서도 말은 구멍 난 물 풍선의 물처럼 멈추지 못하고 뿜어져 나옵니다. 결국 할 말 못 할 말 다 쏟아버리고 나서야 후회를 하지요. 그래서 하고 싶은 말은 하되 내가 말하는 이유에 정당성을 부여하려고 애씁니다. 내가 겪어봐서 아는데…, 나도 당시에는 듣기 싫었는데…, 지나고 나니 다 뼈가 되고 살이 되는 말이더라 하면서 말이지요.

상대방을 깨우쳐주고 좋은 방향으로 이끌어주기 위해 건네는 말을 조언이라고 합니다. 하지만 조언을 좋아하는 사람은 거의 없습니다. 진심이 느껴지지 않기 때문이지요. 조언하는 사람의 마음속에는 상대방을 내 입맛에 맞게 조련하고 싶은 욕구가 숨어 있습니다. 이 욕구는 어쩐지 이기적으로 보입니다. 또 그 과정에서 악역의 탈을 쓰는 것도 원치 않습니다. 그래서 마음을 포장하는 과정이 필요합니다. 이것이 바로 '합리화'라는 방어기제입니다.

합리화 중에서도 달콤한 레몬형이라고 부르는 합리화는 행동의 결과가 마음에 들지 않을 때 그럴싸한 이유로 포장해서 의미를 부여하는 방어기제를 말합니다. 먹을 게 없어서 시큼한 레몬이라도 꾸역꾸역 먹고 있는데 이런 나를 보고 누가 웃고 있다고 상상해 보세요. 부끄러워진 나는 이내 '이거 참 달다! 내가 정말 좋아하는 과일이라 먹는 거야'라며 수치심을 정신 승리로 이겨내려 할 것입니다. 만족스럽지 못한 나의 모습을 그럴듯하게 꾸며내는 것이지요. 상대방을 나에게 맞추려고 이래라저래라 오지랖을 부리고는 괜스레 민망해집니다. 혹은 누군가 나를 비난할까 봐 지레 겁을 먹기도 하지요. 그때 우리는 달콤한 레몬형 합리화를 합니다. '이건 저 사람을 위해 하는 가치 있는 행동이야!'라며 포장하는 것이지요.

고백하건대, 학생이 그 메일을 보냈을 때 저는 불쾌했습니다. 인정하기에는 못난 모습이지만 그랬습니다. 한마디 해주어야 속이 후련했겠지요. '내가 네 친구니?'라고 말하고 싶었던 겁니다. 하지만 그 순간 한 사람이 떠올랐습니다. '요즘 젊은것들은…'을 입에 달고 살며 별것도 아닌 일에 예의를 운운하던 그 사람, 절대로 저런 어른이 되지 말아야지 하고 다짐하게 만들었던 그 사람, '라떼는… 아니, 나 때는…'이라는 말을 즐기고 이른바 꼰대라고 불렸던 그 사람의 모습이 뇌리를 스쳐 지나갔습니다. 똑같은 사람으로 보이고 싶지 않았습니다. 그럼에도 '나 지금 너의 무례함에 화가 났어'라는 표현을 해야겠다는 본능이 스멀스멀 올라왔던 것이지요.

결국 저는 그 욕구를 누르는 데 실패했고 학생을 위한다는 타협점을 찾아 메일을 보냈습니다. 하지만 진심이 아니었으니 마음은 전달되지 않았지요. 학생은 '핑'을 '퐁'으로 받아치지 않았고 게임은 시작도 못한 채 막을 내리고 말았습니다.

위한다는 건 이롭게 하거나 돕는다는 뜻입니다. 소중히 여긴다는 뜻이기도 하고요. 하지만 누군가의 문제를 지적하면서 널 위한다는 말을 꺼내는 건 이율배반적입니다. 그 말을 듣는 순간 상대방의 마음은 불편해지기 마련이거든요. 널 위한다는 '말'은 내가 너에게 마음을 쓰고 있다는 생색이 되고, 그 마음에 합당한 보답을 하지 못하는 당사자에게 부채감을 가지게 만듭니다. 노력에 실패한 상대는 스스로를 비난하거나 자신을 비난한 상대를 미워하거나 어떤 방향으로든 나쁜 마음을 품을 수밖에 없습니다. 결국, 조언에 너를 위한다는 말을 덧붙이는 것은 상대방을 더 힘겹게 만드는 폭력이 됩니다.

또한 위한다면서 어떤 사람의 삶의 방향을 바꾸려고 하는 건 그 사람을 하나의 독립된 인격체로 존중해 주지 않는 것과도 같습니다. 우리는 누구나 완벽할 수 없는 인간이기에 계속해서 시도하면서 실수도 하고 좌절도 겪습니다. 그러나 이 시간을 통해 자신만의 단단함을 만들어가지요. 물컹거리는 시멘트가 단단해지기까지 시간이 필요한 것처럼 반드시 거쳐야 하는 과정입니다. 그런데 왜 다른 사람의 인생에 조언을 던지고 그 사람의 삶을 이끌려고 하는 걸까요? 우리는 과연 그런 자격이 있을까요?

영화 〈위플래쉬〉에서는 선생님이 학생을 잔인하게 가스라이팅하는 충격적인 스토리가 전개됩니다. 뉴욕의 명문 음악학교인

셰이퍼에 입학한 앤드류와 유능한 교수로 소문난 플레쳐가 중심 인물로 등장하지요. 영화 내내 플레쳐 교수는 각종 폭언과 폭력으로 앤드류를 포함한 밴드 학생들을 조련하여 정서적, 신체적으로 학대합니다. 영화가 끝날 무렵 플레쳐는 자신의 행위를 정당화하지요. 학생들이 한계를 뛰어넘는 걸 보고 싶었다고 말입니다. 그러면서 평범했던 찰리 파커가 위대한 연주자 '버드'가 된 이야기를 꺼내는데요.

즉흥 연주회에 참여한 파커가 색소폰을 엉망으로 부는 모습을 보고 존스는 심벌즈를 던집니다. 날아오는 심벌즈에 목이 잘릴 뻔한 파커는 그 자리에서 웃음거리가 되지요. 그 충격에서 벗어나기 위해 피나는 노력을 한 찰리 파커는 결국 버드라는 이름의 최고의 연주자가 됩니다. 플레쳐는 자신의 학대와 폭언이 학생들의 잠재력을 이끌어내는 계기가 된다고 믿습니다. 모든 게 학생들을 위함이었다는 것이지요. 동의하시나요?

플레쳐는 그저 자신의 만족을 위해 학생들을 학대한 것입니다. 유능한 제자를 길러낸 대단한 스승으로 인정받고 싶었을 뿐입니다. 하지만 플레쳐가 만들어낸 수석 장학생은 우울증에 시달리다 생을 마감합니다. 플레쳐가 생각한 최고가 학생에게도 최고였을까요?

내가 생각한 최고의 기준이 다른 사람에게도 적용되는 건 아닙니다. 나에게는 최고의 삶의 방식이 누군가에게는 최악이 될 수도 있으니까요. 평소 조언을 자주 건네는 사람이라면 스스로를 경계해야 합니다. 내 속 편하자고 한 말은 아닌지, 나의 목적을 위한 조언은 아닌지 하고 말입니다. 구분하는 방법은 간단합니다. 상대방이 내 말을 듣지 않아 실패를 맞이했을 때의 모습을 상상해 보세요. 마음이 아픈가요? 아니면 한심한가요? 가슴이 사무치게 안타깝지 않다면 조언은 사실 욕심에 불과할 뿐입니다.

거절할 수 없는 진심

　가스라이팅은 나쁩니다. 부정적인 영향력을 끼치지요. 그렇다면 모든 가스라이팅에 악의가 있을까요? 안타깝게도 그렇지는 않습니다.

　영화 〈어벤져스: 인피니티 워〉에서는 최강의 빌런 타노스가 등장합니다. 그에게는 특별하고도 끔찍한 신념이 있는데요. 우주의 균형을 위해 존재하는 생명의 반을 학살해야 한다는 믿음이었습니다. 한정된 자원을 나누기 위해 갈등하다 모두가 멸종하느니 우주의 유지와 번영을 위해 일부의 희생이 필요하다는 것이지요. 그렇게 '균형의 미'를 강조하며 초능력을 얻기 위해 전 우주를 누빕니다.

이토록 잔인한 빌런 타노스에게는 사랑스러운 딸이 있습니다. 그의 딸 가모라는 그가 학살을 자행한 행성의 소녀였지요. 가족과 친구의 반이 사라진 행성에서 어린 가모라는 타노스의 손을 의지하게 됩니다. 학살을 정당화하는 그의 말에 귀를 기울이지요. 판단력이 부족한 어린아이는 그의 말을 내면화하고 그를 아버지로 따르며 살아갑니다. 가모라는 훈련을 통해 우주 최고의 전사로 성장하고 아버지의 뜻을 이어받아 우주를 누비지요.

하지만 성인이 된 가모라는 아버지의 신념이 잘못되었다는 사실을 깨닫고 살아온 방식을 바로잡기 시작합니다. 아버지를 등지고, 마침내 아버지를 죽이기로 결심하지요. 그때 타노스는 이런 이야기를 합니다. 너의 고향이 멸망의 위기에 놓여 있을 때 자신이 구원했고 지금은 번영을 맞이했다고 말이지요. 이런 식으로 타노스는 가모라에게 끊임없이 자신의 신념을 가스라이팅해 왔습니다.

영화가 개봉한 후, 타노스를 정말 악역으로 볼 것이냐에 대한 논란이 불거졌습니다. 한 장면 때문이었는데요. 핑거 스냅 한 번으로 전 우주 생명의 반을 소멸시키던 그 순간 타노스는 작게 한숨을 내쉽니다. 어떤 이들은 그 한숨의 의미가 '나는 살았다'는 뜻이라고 해석하지요. 이 해석이 가지는 의미는 특별합니다. 타노스가 생명의 절반을 죽게 만들 때 자기 역시 희생자 안에 포함될 걸

염두에 두었다는 것이니까요.

제한된 자원 때문에 인구를 학살한다는 소재의 영화는 익숙합니다. 하지만 악당들은 언제나 자신의 이득을 취합니다. 학살의 대상과 생존의 대상을 직접 결정하지요. 마치 자신이 신이라도 된 것처럼 말입니다. 하지만 타노스는 아니었습니다. 학살의 대상에게 평등한 기회를 부여했지요. 그 희생자의 목록에 자신도 올리면서 말입니다. 그의 소신은 사리사욕 없는 진심이었습니다, 악의 없는 신념이었지요. 하지만 악의만 없었을 뿐 틀렸다는 사실은 명백합니다.

세상에는 악의 없이도 틀린 마음이 존재합니다. 이 마음은 악의가 있는 마음보다도 곤란합니다. 진심이기 때문에 되돌리려 하지도 않고 바로잡기도 어렵거든요. 희생을 대의를 위한 명분으로 믿기 때문에 멈출 수 없습니다. 악의가 없다는 사실이 면죄부가 되기도 하지요. 악의 없는 가스라이팅이 무서운 것도 바로 이 때문입니다.

가스라이터가 자주 하는 표현 가운데 "너를 위해 하는 말"이라는 표현이 있습니다. 자신의 이득을 위해 포장지처럼 사용되는 경우가 많지만, 어떤 사람에게는 진심이지요. 우주의 질서를 위한다는 말이 진심인 타노스처럼 너를 위한다는 말이 마음에서 우러나오는 가스라이터도 있습니다. 이런 마음가짐은 우주의 반이 학살당해도 괜찮은 것처럼 상대가 상처받아도 괜찮다는 결론을 이끌어냅니다. 진심이기 때문에 지금의 상처는 감수해야 한다고 믿는 것이지요. 그래서 그들에게 "당신 지금 가스라이팅하는 거예요"라고 반박한다면 오히려 상처를 받기도 합니다. 내 마음도 몰라준다고 말이지요.

악의 없는 또 다른 가스라이팅은 방어기제가 작동하는 경우입니다. 가스라이터가 자주 사용하는 방어기제는 '투사'인데요. 투사란 인정하고 싶지 않은 자신의 욕망이나 욕구를 상대방에게 투영하는 행위를 말합니다. 쉽게 말해, 뭐 눈엔 뭐만 보인다는 것이지요. 예를 들어 바람을 피우고 싶은 욕구가 있는 사람은 그 욕구를 배우자나 애인에게 투사합니다. 어느 날 배우자가 향수라도 뿌리면 밖에 나가 바람피우려는 거라고 상상합니다. 사실은 자기가 그렇게 하고 싶으면서 말이지요. 거짓말을 밥 먹듯이 하는 사람 역시 마찬가지입니다. 상대방의 이야기를 가만히 듣다보면 '이 사람이 나를 속이려는 건 아닐까?' 이 생각이 먼저 들지요. 사실 속이려는 건 자신인데 말이지요.

가스라이터는 상대방에게서 잘못을 자주 발견합니다. 명백한 잘못이 있으니 바로잡는 것이 옳다고 믿습니다. 그 잘못을 끊임없이 지적하고, 위협적인 분위기를 만들고, 상대방의 자존감을 떨어트립니다. 결국에는 상대가 자신에게 꼼짝 못하도록 만들어버리지요. 상대는 심리적 압박에 주눅이 들었을 뿐인데, 가스라이터는 자기가 상대방의 심리를 꿰뚫은 줄 알고 뿌듯해하며 의심을 확신으로 바꿉니다. 이 모든 과정은 투사에서 비롯되는 것이지요.

여기에 중요한 문제가 있습니다. 방어기제는 무의식적으로 일어난다는 것입니다. 개인은 자신이 방어기제를 쓰고 있다는 사실을 인지하지 못하지요. 가스라이터는 자기 눈에 비친 상대의 잘못이 사실은 본인의 문제라는 사실을 자각하지 못합니다. 그러니 이 경우에는 악의를 가졌다고 보기는 어렵습니다. 정말 상대가 나쁘거나 틀렸다고 생각하고 잘못을 바로잡아 주고 싶어서 그러는 것이지요. 본인을 올바른 길로 인도하는 길잡이라고 믿으면서 말입니다.

저는 자가면역질환을 앓고 있습니다. 면역 체계가 고장이 나서 외부 바이러스가 아닌 제 신체 조직을 공격하는 질환인데요. 면역력이 강해지면 신체 조직에 대한 공격력이 더 강해집니다. 면역력에 좋다는 음식은 오히려 피하는 게 좋지요. 그런데 어떤 어르신 한 분이 저에게 끊임없이 홍삼을 권합니다. 자신이 홍삼을 먹고 건강해졌다는 이유에서입니다. 여러 번 제 상태를 설명해 보아도 통하지 않았습니다. 이를 앙다문 채 근츤습느드 흐흐(괜찮습니다… 하하) 하고 정색을 해봐도 홍삼 캔디를 입에 쑤셔 넣어줍니다. 홍삼 즙의 효능을 설명하며 딱! 한 달만 먹어보라고 설득하지요. 이분에게서 악의를 찾아볼 수 있을까요? 아닙니다. 오히려 애정이라고 볼 수 있지요. 그렇다고 악의 없는 그 마음을 받으면서 제 몸을 학대해야 할까요? 그래서는 안 되지요. 그 자리를 뜨거나, 그분과 거리를 두거나, 받은 홍삼을 버리는 수밖에요. 제 몸을 지키는 게 우선이니까요.

마음도 마찬가지입니다. 악의 없는 가스라이터는 자신의 신념대로 상대를 대할 것입니다. 그럴 때 악의가 없다고 이해하고 받아들여서는 안 됩니다. 그들은 상대를 위하지만 정작 그 사람이 필요한 것을 제공해 주지는 못합니다. 오히려 해를 입히지요. 그럴 때는 자리를 뜨거나, 거리를 두거나, 가스라이팅을 걷어차 버리는 수밖에요. 내 마음의 파수꾼은 나 자신뿐이기 때문입니다. 악의 없는 가스라이팅은 있어도 피해 없는 가스라이팅은 없습니다.

완전해야 한다는 착각

초등학교 시절 이상한 완벽주의 성향을 가지고 있었습니다. 삶이 조금이라도 흐트러지면 큰일이 나는 줄 알았습니다. 이를테면 이런 식이었습니다. 글씨를 아주 작게 쓰는 편이었는데요. 하루는 제 공책을 보고 선생님이 화를 냈습니다. 노안인 당신의 눈에는 글씨가 잘 보이지 않는다고 앞으로는 글씨를 크게 쓰라고 말이지요. 지금부터 글씨를 크게 쓰면 되는 일이었지만 저는 어쩐지 탐탁지 않았습니다. 한 권의 노트에 크기가 달라진 글씨로 필기하는 게 싫었습니다. 그래서 여태까지 필기를 해놓았던 공책을 모두 찢어버리고 처음부터 필기를 다시 했지요. 선생님이 원하는 큰 글씨로 말입니다. 참으로 피곤한 삶이었습니다.

《완전한 행복》 속 유나의 삶이 그랬습니다. 흐트러지지 않는 완벽한 삶을 기대했지요. 유나는 자신과 친딸, 재혼한 남편, 그리고 그와 함께 낳을 아기만 존재하는 행복한 삶을 꿈꿨습니다. 하지만 전남편은 딸을 놓으려 하지 않았고, 현 남편은 전 부인 사이에서 태어난 아들만 소중히 여겼지요. 유나의 완벽한 기준에 맞지 않는 삶이었습니다.

유나는 자신의 행복을 뺄셈으로 정의하고 완벽에 방해가 되는 장애물은 하나씩 제거해 나가야 한다고 생각합니다. 불행하게도 그 장애물은 학창 시절 제 노트처럼 하찮은 물건이 아니었지요. 전남편, 그리고 현 남편의 아들이었던 겁니다.

"인간은 자신의 믿음에 따른 우주를 가진다. 결함도 결핍도 없는 완전성이 아내의 우주였다." 유나 남편의 고백처럼 인간은 자신의 믿음에 따른 우주를 가집니다. 그 신념은 한번 형성되면 변하기가 어렵지요. 그래서 신념은 건강하고 올바르게 형성되어야 합니다. 하지만 모든 사람이 그렇지는 않지요.

합리적 정서 행동 치료rational emotive behavior therapy의 창시자 앨버트 엘리스Albert Ellis는 '비합리적 신념irrational beliefs'이라는 개념을 제안합니다. 비합리적 신념이란 한 사람이 잘못 형성한 융통성 없고 경직된 사고방식으로, 정서적으로 부정적인 영향을 주고 문제 행동을 하게 만듭니다. 비합리적 신념은 세상을 바라보는 시선 자체를 바꿔버립니다.

사람들에게 흔히 보이는 비합리적 신념 열한 가지가 있는데요. 유나에게는 그중 두 가지 신념이 확인됩니다. 먼저 첫 번째 신념은 '내가 원하는 대로 일이 풀리지 않는 것은 인생이 크게 실패했음을 의미한다'는 신념이었습니다. 이 신념, 정말 올바른 걸까요?

한 패션모델이 인터뷰에서 이런 말을 했습니다. 몸매 관리가 가장 쉽다고 말이지요. 그 말에 충격을 받은 인터뷰어에게 이 말을 덧붙입니다. 식단 조절과 운동이 물론 어렵지만, 살다보니 바꿀 수 있는 건 내 몸뚱이 하나밖에 없다는 걸 깨달았다고요. 그 외에는 아무것도 자신의 뜻대로 할 수 없다고 말이지요. 정말이지 그렇습니다. 세상에 내 뜻대로 할 수 있는 건 참으로 없습니다. 다시 말해, 원하는 대로 일이 풀리지 않는 것은 실패가 아니라 당연한 현상이지요. 하지만 비합리적 신념에 빠져 살면 평범한 삶을 실패로 단정 짓고 좌절합니다.

두 번째 신념은 '모든 문제에는 완벽한 해결책이 있고, 그 해결책을 찾아야 한다. 그렇지 않으면 큰 혼란에 빠진다'는 것입니다. 모든 문제에 해결책이 있을까요? 얼핏 보면 상당히 긍정적인 사고방식처럼 보입니다. '할 수 있어!' '해낼 수 있어!' 하지만 이런 마음가짐은 해결책을 찾지 못할 경우 좌절감을 가져오지요. 살다

보면 포기가 필요한 순간이 있습니다. 우리는 완벽하지 않기에, 실수하는 인간이기에, 모든 것을 원하는 대로 이룰 수 없기에 때로는 포기할 줄도 알아야 합니다. 하지만 해결책이 있을 것이라는 믿음은 답 없는 문제를 붙들고 있게 만듭니다. 그 답을 만들어내겠다고 수단과 방법을 가리지 않게 만들지요. 나의 행복을 위해 범죄를 저지르거나 타인을 불행하게 만드는 일도 불사하게 만듭니다.

유나의 딸인 지유는 일명 '고아의 벌'이라는 협박을 통해 유나에게 조종당합니다. 유나는 자신이 지유를 너무나도 사랑하지만 지유가 말을 듣지 않을 경우 함께 살 수 없다며 공포심을 심어주지요. 지유는 자신의 의사나 판단을 모두 묻어둔 채 버림받지 않기 위해 애씁니다.

유나는 남편과의 관계에서도 힘의 우위를 차지하기 위해 기싸움을 합니다. 남편이 별것도 아닌 일에 신경질을 내는 배냇병을 가지고 있다는 말을 반복하며 그에게 문제의 원인이 있다고 세뇌합니다. 그러다 원하는 대로 상황이 돌아가지 않으면 딸과 함께 시간을 보낸다며 집을 나가버리곤 합니다. 하루는 유나가 5일간 집에 돌아오지 않았습니다. 그리고 남편은 그 5일 동안 유나가 친정에 있지 않았다는 사실을 알게 됩니다. 전남편과 있었던 건 아닐까 하고 불안감이 몰려오지요. 하지만 그는 어디에 있었냐고 묻지도 따지지도 못합니다. 늘 자신을 편집증 환자로 몰아가던 유나 때문에 정당한 의문을 가지는 것마저 잘못된 게 아닐까 고민하지요.

나의 행복을 당연하게 여길 때 타인의 희생 또한 당연하게 여기는 치명적인 오류를 범합니다. 나의 행복을 위해 타인의 불행을 정당화해서는 안 됩니다. 때로는 왜 나만 이렇게 불행해야 하냐고, 손해 봐야 하냐고 울부짖고 싶은 날이 찾아오지만, 그 마음이 잘못된 우주로부터 나온 건 아닌지 살펴보아야 합니다. 비합리적 신념이 틀렸음을 깨달았을 때 비로소 신념으로부터 자유로워질 수 있으니까요.

똑똑, 잠시만 들어가겠습니다

친구가 고양이를 입양했습니다. 작고 귀여운 털 뭉치를 상상하니 제 마음이 다 설렜습니다. 처음 고양이를 보러 가는 날, 무얼 사가야 하냐고 친구에게 물었고 친구는 고양이가 좋아한다는 간식 이름을 알려줬지요. 고양이의 안부가 궁금해 친구 집에 자주 놀러갔고, 그때마다 친구는 고양이가 좋아하는 간식을 제게 주문했지요. 제가 해외로 여행을 떠나던 날, 친구는 말했습니다. 그 나라에만 파는 고양이 간식을 사오라고 말이지요. 친구는 제게 고양이의 이모 역할을 기대하기 시작했습니다. 이모는 조카를 지갑으로 키우기 시작했고요.

퇴근 길, 친구에게 연락이 왔습니다. 갑자기 야근이 잡혔다고, 고양이 저녁을 챙겨줄 수 있느냐고 말입니다. 버스로 40분 거리였지만 거절하기도 뭣하기에 고양이가 있는 집으로 향했습니다. 어쩐지 고양이와 각별한 사이가 된 기분에 뿌듯하기도 했습니다. 며칠 뒤 친구는 여행 일정이 잡혔다며 휴가 기간 중 하루만 집에 와서 고양이랑 놀아줄 수 있는지 물었습니다. 그러기로 했습니다. 하지만 부탁은 여기서 멈추지 않았습니다. 친구의 휴가는 점점 잦아졌고, 고양이를 돌보러 가는 날도 그만큼 많아졌습니다. 휴가 일정 중 한 번이었던 부탁은 사흘에 한 번, 이틀에 한 번, 매일… 이렇게 점점 부담이 되어갔습니다.

한번은 회사 일이 바빠 친구의 부탁을 거절해야 하는 상황이었습니다. 부탁을 들어주지 못하는 저는 큰 잘못이라도 한 것처럼 머리를 조아렸고 친구는 서운해했지요. 그냥 처음부터 네 고양이는 네가 챙겨! 하고 거절했으면 될 일인데, 고생이란 고생은 다 하고 결국에는 욕을 먹고 만 것이지요.

사람의 마음을 설명하는 법칙 중 '일관성의 법칙'이라는 게 있습니다. 한결같은 사람으로 보이고 싶어 하는 심리를 말하지요. 우리는 어제나 오늘이나 한결같은 사람이고 싶어 합니다. 오락가락하는 모습은 보이고 싶지 않지요. 어제 친절했던 나는 오늘도 친절한 모습으로 보이고 싶습니다. 기분이 나빠도 웃어 보입니다. 어제와 같은 나를 보여주기 위해서요. 심지어 쌀쌀맞은 성격의 소유자는 한결같이 쌀쌀맞게 굴려고 노력합니다. 어제는 냉정했는데 오늘 갑자기 살가운 모습을 보이기도 민망하기 때문이지요. 그래서 이른바 쯘데레tsundere 흉내를 내기도 하지요. 이런 심리 때문에 우리는 부탁을 거절하지 못하는 어리석은 상황에 빠집니다. 어제 부탁을 들어준 나는 오늘도 부탁을 들어주는 한결같은 모습으로 보이고 싶기 때문입니다.

문간에 발 들여놓기foot-in-the-door technique라는 설득 기법이 있습니다. 일관성의 법칙에 따른 인간 심리를 활용하는 기술이지요. 이름을 보면 그 뜻을 상상해 볼 수 있습니다. 과거에는 집집마다 문을 두드리며 물건을 파는 방문판매원이 있었습니다. 그들은 사람들이 문을 닫고 들어가 버릴까 노심초사하며 문간에 발을 끼고 물건을 홍보했지요. 집주인의 경우 처음부터 문을 열어주지 않으면 될 일이지만, 일단 문을 열어주면 그들의 말을 듣지 않고는 못 배깁니다. 문에 껴 있는 발을 짓이기면서까지 쫓아낼 사람은 없기 때문입니다. 영업사원을 일단 문간에 들여놓으면 그다음에는 제품에 대한 설명을 듣게 되고, 제품에 대한 설명을 들으면 샘플을 사용하게 되고, 샘플을 사용하면 무료 체험권을 받게 되고, 무료 체험을 해보면 그래도 한 달 정도는 가입을 하게 되고…. 궁극에는 영업사원이 바라는 목표 지점에 닿아 있는 모습을 발견할 수 있습니다.

필요한 물건도 아니었는데 왜 거절하지 못했을까요? 일관적인 사람으로 보이고 싶기 때문입니다. 이미 문을 열어주는 것으로 작은 요구를 수용한 사람은 그다음 요구를 거절하기가 어렵습니다. 1분 전에 친절했던 내가 갑자기 냉정한 사람으로 변하는 모습을 보여주고 싶지 않기 때문입니다.

문을 열어주는 행위는 상대의 부탁을 거절하지 못하게 되는 시작점이 되고, 그다음 요구를 들어주게 만듭니다. 다음 요구는 그다음 요구를 들어주게 하고 이처럼 눈덩이같이 불어나는 요구를 거절할 재간이 없지요. 이게 바로 문간에 발 들여놓기 기법입니다. 아주 작은 요구를 수용하게 한 다음 점점 더 큰 요구를 받아들이게 만드는 것이지요.

가스라이터는 문간에 발 들여놓기 수법을 잘 활용합니다. 처음부터 무리하게 다가가지는 않습니다. 무리한 부탁은 거절할 명분을 주고 상대방에게 거부감을 주기 마련이니까요. 만약 제 친구가 처음부터 휴가를 떠나니 일주일 내내 와서 고양이 밥을 챙겨달라고 했다면 어땠을까요? 당당하게 거절했을 겁니다. 시간이 없다거나 번거롭다거나 그건 좀 무리한 부탁이라고 말했겠지요. 부탁을 한 친구도 역시 좀 곤란하지? 하며 머쓱한 표정을 지었을 겁니다. 하지만 처음부터 무리한 부탁은 없었습니다. 간식 하나 부탁하기, 외국 나간 김에 간식 사오기, 급하게 야근이 잡혔을 때 고양이 봐주기, 일주일에 한 번, 사흘에 한 번, 이틀에 한 번…. 친구의 부탁은 가랑비에 옷 젖듯 조금씩 퍼져 부담으로 다가오고 있었습니다. 어어? 하는 사이에 이미 친구의 우위는 정해져 버렸습니다. 친구는 요구에 당당한 사람이 되었고, 저는 거절이 무례한 사람이 되었지요.

거절 타이밍을 놓쳐 눈덩이처럼 커진 요구 앞에 무너지듯, 언제 끊어야 할지 모르는 관계를 지속하다가 치명적인 상처를 입습니다. 이를테면 데이트 폭력이 그렇습니다. 데이트 폭력을 경험해보지 않은 사람은 단 한 번이라도 손찌검을 당했다면 칼같이 관계를 끊었어야 하는 것 아니냐고 단호하게 말합니다. 하지만 막상 당사자가 되어보면, 데이트 폭력이 시작되는 순간을 명확히 가려내지 못합니다. 그리고 그 상처라는 문간에 폭력이라는 발을 들여놓도록 허락하고 맙니다.

소설 《다른 사람》에서 데이트 폭력의 피해자인 진아가 처음 남자에게 맞았던 날을 회상하는 장면으로 돌아가 볼까요. 진아는 남자와의 술자리에서 자신은 명절에 요리를 하지 않는다고 고백합니다. 어차피 시집가면 하게 될 일이라 엄마가 시키지 않는다고 말이지요. 그 말을 꺼내는 순간 남자의 표정이 일그러집니다. 손등으로 툭툭 통증이 느껴질 만큼 세게 진아의 뺨을 두드리지요. 진아는 이것이 폭력인지 장난인지 혼란스럽습니다. 남자는 웃으며 장난이라 말합니다. 뒤이어 그는 자기네 집에서는 자신이 요리를 하는데, 여동생들은 친정에 왔다고 손 하나 까딱 안 한다고 "패주고 싶다"는 가시 돋친 농담을 합니다. 그 말을 들은 진아는 분위기를 바꿔본답시고 "그래도 그 집은 남자도 일을 하네요"라는 말을 꺼냅니다. 그 순간 짝! 하는 소리가 귀에 울리고 진아의 볼에 강한 통증이 느껴집니다. 뺨을 맞은 것이지요. 남자는 화를 냅니다. "남자도?"

폭력은 번개가 내리치듯 한순간에 일어나지 않습니다. 가랑비에 옷 젖듯 천천히 흘러갑니다. 그 과정에서 개연성도 느껴집니다. 마치 이 일이 일어날 수밖에 없었던 것처럼 말이지요. 기분이 안 좋아 보였던 남자는 손등으로 여자의 뺨을 톡톡 쳤고 장난이라는 말로 이를 무마합니다. 여자는 그 분위기에서 자리를 박차고 일어나 관계를 끝내야 할지 말지 고민할 생각조차 하지 못합니다. 이게 뭐지? 정도의 아리송함만 남을 뿐입니다. 그러다 감정이 점점 격해지고 톡톡 치던 남자의 손은 짝 소리가 나도록 여자의 뺨을 때립니다. 그렇게 한 번의 폭력은 두 번, 세 번으로 늘어납니다. 뺨을 두드리는 것을 허용했던 여자는 이제 온몸에 멍 자국이 날 정도의 폭력까지 허용합니다.

비단 물리적 폭력의 문제만이 아닙니다. 정서적 폭력도 마찬가지입니다. 상대가 건네는 말 한마디, 행동 하나가 나를 아프게 할 때 그 이유가 내가 예민해서인지 저 사람이 잔인해서인지 구별하기 어려울 때가 있습니다. 어리석거나 물러서 당하는 게 아닙니다. 상대방의 교묘함이 나를 혼란스럽게 하는 것입니다. 그래서 나도 모르게 그 상황을 얼버무리고 넘어가는 순간이 발생하지요. 하지만 그 작은 허락은 더 큰 상처를 몰고 옵니다.

가장 가까운 타인이 지옥이다

OCN 드라마 〈타인은 지옥이다〉는 허름한 고시원에서 일어나는 연쇄살인을 다룬 이야기입니다. 겉보기에는 멀쩡하다 못해 멋지기까지 한 치과의사 문조가 사이코패스로 등장하지요. 그는 같은 보육원에서 자라온 지인들과 함께 고시원 사람들을 하나둘씩 죽여나갑니다. 그리고 이 살인 행위를 하나의 예술이라고 믿지요.

문조는 자신을 닮은 사람을 찾고 있습니다. 함께 살인 예술을 할 사람을 말이지요. 그리고 그 목표물로 종우가 나타납니다. 종우는 선배의 회사로 취업에 성공해 고시원에 들어가게 되는데요.

종우를 본 문조는 그를 점찍습니다. 그에게서 자신이 가지고 있는 살기를 발견하지요.

문조는 종우를 가스라이팅하기 시작합니다. 스트레스 수준을 높이기 위해 고시원 식구들을 이용하지요. 말을 더듬는 남자는 종우의 근처를 얼씬거리며 기분을 나쁘게 합니다. 전자 발찌를 찬 남자는 문 뒤에 숨어 매일 종우를 노려봅니다. 고시원 주인은 그런 고시원 사람들이 착하다고 편을 들어줍니다. 지저분한 환경, 기분 나쁜 소음이 온종일 종우를 괴롭힙니다. 이런 상황적 조작은 종우로 하여금 곤두서게 만들고 작은 자극에도 짜증과 화가 올라오게 만들지요.

불에 기름을 붓이듯 문조는 다른 방식으로 종우를 자극하기 시작합니다. 종우에게 억울하거나 짜증나는 상황이 생길 때마다 '죽이고 싶지 않냐'는 문자를 보냅니다. 화가 날 때마다 살인 충동을 부추기는 문조 때문에 종우의 공격성은 점차 증가하지요. 이때 문조는 비장의 카드를 꺼냅니다. 종우의 여자친구인 지은을 납치한 것입니다. 문조는 다른 사람을 죽이면 지은만은 살려주겠다고 협박합니다.

결국 눈이 돌아간 종우가 고시원 사람들을 잔인하게 살해하고 문조까지 죽이면서 드라마는 끝이 납니다. 문조는 비록 살해당했지만(이 결말에 대한 해석은 조금씩 다릅니다) 그가 원하는 결말, 즉 종우를 자기와 닮은 살인마로 만들려고 했던 목표는 이루었습니다. 종우는 문조가 조작한 상황과 심리 조종에 말려 감정적으로 흔들리고 자신의 인간성을 의심하다가 결국 그와 똑같은 살인마가 되고 만 것입니다.

많은 시청자들이 이 드라마를 소름 끼치는 사이코의 가스라이팅 드라마로 지목했습니다. 하지만 이 이야기에서 주목해야 할 또 다른 부분이 있습니다. 바로 여자친구의 역할입니다. 지은은 종우의 유일한 친구이자 정신적 지지자였습니다. 하지만 각자의 삶이 바빠 많은 시간을 함께 보내지는 못했지요. 고시원에 들어간 이후로 스트레스가 심했던 종우는 여러 번 지은에게 도움을 요청합니다. 고민을 털어놓으려고 시도하지요. 그럴 때마다 지은의 반응은 어땠을까요?

'함께 사는 생활이 다 그렇지, 오빠가 너무 예민한 거 아닐까?' 이 말만 반복합니다. 평범한 상황을 나쁘게 받아들인다며 종우를 탓하지요. 종우가 지은을 만나 용기와 위로를 얻으려 할 때마다 회식이 있어서, 일이 많아서 다음에, 다음에 하며 연락도 만남도 미룹니다. 종우가 진심으로 도와달라고 애원할 때는 그놈의 고시원 소리 좀 그만하라고, 그렇게 싫으면 그냥 나오면 되는 것 아니냐고 다그치기까지 합니다.

세상에서 가장 사랑하는 사람, 힘이 되어줘야 할 존재인 지은은 결코 그 역할을 잘 해내지 못합니다. 종우가 처한 상황이 어떤

지 들어볼 생각조차 하지 않고 자신도 힘들다는 이유로 귀를 닫아 버리고 말지요. 심지어 종우를 걱정한다는 핑계로 종우의 선배와 단둘이 만나 이야기를 나누기도 합니다. 그 시간에 차라리 종우를 만나주었다면 어땠을까요. '네가 예민해서 그런 거 아닐까?'라고 말하기보다 그의 이야기에 공감해 주고 고시원에서 나올 수 있는 현실적인 방법을 같이 고민해 줬으면 결말이 달라지지 않았을까요.

드라마 제목 '타인은 지옥이다'에서 타인은 누구였을까요? 고시원 주인? 변태성욕자? 연쇄살인마? 여자친구를 탐내는 선배? 그 모두가 지옥 같았을지 몰라도 제가 보기에 진짜 지옥 같은 타인은 여자친구였습니다. 사랑하는 사람이 지옥같은 세상에 살 때 힘을 주지 못하는 것, 어려운 상황을 당연한 거라며 벗어날 용기조차 짓밟는 것, 그렇게 서서히 망가지도록 내버려 두는 것이야말로 지옥 아닐까요? 우리는 누군가에게 지옥일까요, 천국일까요?

4

.

준비된 가스라이티

우리 안의 만들어진 천사

소설 《대불호텔의 유령》에서는 주인공인 '나'와 좋아하는 남자 진이 처음 만난 날을 회상하는 장면이 나옵니다. 그날은 나의 어머니와 어머니의 오랜 친구인 보애 이모가 만나는 날이었습니다. 두 사람만 만나면 될 것을 어머니는 굳이 그 자리에 나를 불렀지요. 자리에 동석한 나는 왜 그 자리에 가야 했는지 이내 알게 됩니다. 보애 이모가 자기 아들이 '상사의 부르심'으로 자리에 나오지 못했다는 전혀 안타깝지 않은 소식을 전하던 순간에 말이지요. 두 사람은 서로에게 각자의 자녀를 보여주고 싶었던 겁니다.

나는 진 역시 이 자리에 참석하기를 원하지 않았을 것이라 짐작합니다. 상사의 부르심 따위는 애초에 없었을 것이라고 확신하고요. 그런데 식사가 끝날 무렵 진이 허겁지겁 식당으로 들어옵니다. 나와 어머니를 자신의 차로 데려다주기까지 하지요. 정말 일이 바빴던 걸까요? 그를 오해하고 억지로 앉아 있던 자신이 치사한 인간이 된 것만 같은 기분이 듭니다. 하지만 나중에 그의 사연을 듣고는 자신의 짐작이 틀리지 않았음을 알게 되지요.

진이 식당에 온 것은 보애 이모의 문자 때문이었습니다. "애, 아들아, 내 친구 딸은 얌전히 나와주었구나." 진은 엄마의 문자를 무시하며 기분이 가라앉기만을 기다렸지요. "엄마! 어지간히 좀 해요"라고 속으로 되뇌면서 말입니다. 그러다 문득 진의 눈에 책 한 권이 들어옵니다. 사실 오늘은 부르지 않았지만 종종 진을 야근시켰던 상사, 기꺼이 오늘의 평계가 되어준 그 상사가 억지로 권한 책이었는데요. 끔찍할 정도로 재미없던 그 책의 제목은 "올바른 삶을 산다는 것"이었지요.

직장인에게 저녁 시간은 소중한 시간입니다. 그 시간에 어머니의 친구와 식사 자리라니, 진은 어떻게든 피하고 싶었겠지요. 적당한 말로 통하지 않을 걸 알았던 진은 상사 평계를 대보았지만 어머니는 역시 굴하지 않습니다. 진에게 빨리 오라는 듯 계속해서 문자를 보내지요. 불편한 마음을 못 본 체하면서 현실을 도피하려던 진은 책 제목에 결정타를 맞고 맙니다. 올바른 삶을 산다는 것, 그건 과연 어떻게 사는 걸까요?

진의 두 마음은 갈등하고 있었을 겁니다. 엄마의 부탁을 들어줘야 한다는 마음, 그리고 쉬고 싶다는 마음. 양심은 식당으로 가야 한다고 말합니다. 자신의 바람과는 정반대지요. 양심의 목소리를 외면하려니 기분은 점점 상해갑니다. 그러던 차에 책을 발견한 것입니다. 어처구니없게 웃음이 터져 나오는 책 제목 '올바른 삶을 산다는 것'. 진은 결국 양심에 따라 행동하기를 선택합니다. 올바르게 살기로 결정합니다. 그렇게 식사 자리로 나가 예의를 갖춰 집에 데려다주는 매너까지 보여줍니다.

일반적인 눈으로 바라볼 때 진은 참 좋은 아들입니다. 잠시 갈등은 했지만 결국에는 어머니를 위해 희생하는 착한 아들입니다. 그런데 이런 일이 진에게 단 한 번만 일어났을까요? 어머니는 자신이 원할 때마다 진을 불러냈을 겁니다. 문자로, 전화로, 무언의 압박으로 진의 양심을 자극하여 자신이 바라는 결과를 이끌어냈겠지요. 그때마다 진은 늘 갈등했을 것이고, 그 과정에서 어머니를 미워하거나 자신을 혐오하는 번민의 시간을 보내야 했겠지요. 이런 어머니의 요구도 일종의 가스라이팅이 될 수 있다는 사실, 아시나요?

자신의 만족을 위해 필요 이상의 요구를 하는 부모도 있습니다. 보애 이모의 경우가 그렇지요. 거절해도 그만인 부탁이었습니다. 그러나 보애 이모는 포기하지 않았습니다. 기어이 그가 오게 만들었고, 그제서야 자신이 시작한 게임에 미션 성공 알람이 울림니다.

부러움을 사려는 욕구가 우선이 되는 부탁이 참 많습니다. 부모에게는 효자, 효녀를 두었다는 소리를 듣고 싶은 순간이야말로 그 욕구에 사로잡힌 때이지요. 그들은 자녀의 행위 자체에 관심이 있기보다는 '아들 참 잘 키웠어요.' '딸이 참 착하네요.' '말 잘 듣는 자녀를 두어서 좋겠어요.' 이 말을 듣고 싶은 것이지요.

부모의 무리한 부탁에도 가스라이팅당할 수밖에 없는 이유는 부모 말을 잘 들어야 한다는 마음속 신념 때문입니다. '부모 말을 잘 들어야 한다. 그것이 올바른 일이다.' 우리는 어릴 때부터 이렇게 배워왔기 때문입니다. 성경 속 십계명에서도 신과 관련된 계명 이후 가장 처음으로 나오는 계명이 바로 "네 부모를 공경하라"입니다. 부모 말을 들어야 한다는 건 신의 명령과도 같은 거룩한 규정인 것이지요. 그렇다면 우리는 어떤 상황에서도 부모의 말을 따라야 하는 걸까요?

프로이트Freud에 따르면, 아기는 원초아id라는 성격만 가지고 태어납니다. 불쾌한 부분이 있다면 당장에 해소해야 하고, 쾌락을 추구하는 데 모든 에너지를 쏟는 성격이지요. 그래서 먹고 싶을 때 먹어야 하고, 싸고 싶을 때 싸야 하고, 그게 안 되면 우는 것입니다. 당장 원하는 것을 내놔! 하고 말입니다. 하지만 원하는 모든 것을 이룰 수 없다는 사실을 곧 알게 되지요. 그러면서 마음의 바람을 지연시키고 현실에 맞게 타협하는 성격 자아^{ego}가 발달하기 시작합니다. 배고파도 기다리고, 볼일도 조금 참고, 울고 싶어도 괜찮다고 말하는 법을 배우지요. 자아는 원초아가 충동적으로 실수하지 않도록 잘 조종하는 역할을 합니다.

한편 부모의 훈육이 시작되면서부터는 도덕, 이상, 완전함을 추구하는 성격인 초자아^{superego}가 발달합니다. 더 좋은 사람으로 보이고 싶고 더 나은 사람이 되고 싶은 마음이 생기는 것이지요. 초자아는 부모의 생각을 닮아가며 내면화됩니다. 부모가 옳다고 하는 모습을 따르고 그르다고 하는 것을 지양하면서 말이지요.

초자아는 '자아 이상'과 '양심'이라는 두 개의 체계로 나뉘어 발달하는데요. 자아 이상$^{ego-idea}$은 선하다고 생각하는 행위를 지향하려는 마음이고, 양심^{conscience}은 악하다고 생각하는 행위를 지양하려는 마음입니다. 예를 들어 아이가 아픈 어머니의 손을 꼭 잡아주었는데 어머니가 기뻐하며 칭찬했다면 아이는 어머니를 돌보는 행위를 선하다고 믿고 더 자주 어머니의 손을 잡아주게 됩니다. 자아 이상이 형성되는 것이지요. 반대로 아버지가 숟가락을 들기 전에 반찬을 입에 넣었다가 혼이 나면 이 행동은 악하구나 하고 양심이 만들어집니다. 이후로는 아무리 배가 고파도 아버지가 숟가락을 들 때까지 참으며 눈치 게임을 하지요.

이렇게 우리는 초자아가 형성되는 과정에서 옳고 그름에 대한 신념을 내면화합니다. 자아 이상에 맞는 행동을 할 때 자부심을 느끼고, 양심에 어긋난 행동을 할 때 죄책감을 느낍니다. 심지어 잘못된 행동은 생각만 해도 심각하게 고통을 느끼지요. 이게 바로 양심의 가책입니다. 우리는 자부심 덕분에 선한 행동을 하고, 죄책감 때문에 악한 행동을 피합니다. 하지만 문제는 이 마음의 뿌리가 바로 부모에게서 온다는 것입니다.

대학 시절 한 친구와 실랑이를 벌인 적이 있습니다. 친구는 손에 들고 있는 쓰레기를 아무 데나 버리는 습관이 있었습니다. 저는 그렇게 쓰레기를 버리면 어떡하냐고 화를 냈고, 그 친구는 저에게 착한 척 그만하라고 혀를 찼지요. 그러던 어느 날, 친구의 부모님과 식사 자리를 갖게 되었는데, 그 친구의 아버지가 바닥에 쓰레기를 툭 버리는 것을 보게 되었습니다. 저를 의식한 친구 어머니가 왜 쓰레기를 바닥에 버리느냐고 나무라자 아버지는 이렇게 말했습니다. "바닥에 쓰레기가 있어야 환경미화원이 일자리를 잃지 않는 거야." 친구는 쓰레기를 바닥에 버리는 것이 올바른 행동이라고 착각하며 살았을지도 모릅니다.

부모라는 단어가 가지는 거룩한 무게감이 현실에서는 반영되지 않는 경우가 많습니다. 부모라고 성숙의 결정체는 아니라는 말이지요. 그럼에도 우리의 자아 이상과 양심은 부모의 말을 잘 들어야 한다는 계명을 바탕으로 이루어져 그들의 말을 온전히 들어야 한다고 생각합니다. 부모의 가스라이팅은 이 부분을 자극하고 압박합니다. '부모인 내가 지금 부탁하고 있잖아', '이건 절대 어겨서는 안 되는 규율이잖아', '너 지금 올바른 행동을 하고 있는 것 맞니?' 하고 말이지요.

부모가 버거운 요구를 할 때가 있습니다. 소설 속 보애 이모처럼 자녀의 휴식 시간을 빼앗거나, 나아가서는 경제적으로 어려운 자녀들에게 손을 벌리거나, 심각하게는 부모의 못다 이룬 꿈을 대신 이뤄달라고 부담을 주기도 합니다. 사랑하는 사람과의 만남을 반대하고 배우자를 대신 결정하기도 하지요. 이럴 때 자녀들은 딜레마에 빠집니다. 부모의 말을 거역하는 일이 양심에 위배된다고 느끼지만 그렇게 하기를 원하니까요. 별안간 부모가 미워지고 부모를 미워하는 자신이 싫어지지요.

특히 '내가 너를 어떻게 키웠는데, 키워준 은혜도 모르고, 자식새끼 키워봐야 아무 소용없다'와 같이 죄책감을 건드리는 말이 오가거나 '나한테는 너밖에 없다, 역시 장손이 최고야, 네가 첫째니까 이해하지?'와 같이 부담감을 얹는 말이 보태어지면 자녀의 마음은 더욱 무거워지지요. 부모의 희생과 기대에 합당한 사람이 되어야 하니까요.

부모의 요구가 나의 마음을 불행하게 만드는 순간이 옵니다. 그럴 때는 부모로부터 형성한 나의 양심이 틀릴 수도 있다고 생각해 봐야 합니다. 그리고 부모와 거리를 둘 용기를 내야 할 때가 아닌지 고민해 봐야 합니다. 거리를 두라는 것은 천륜을 끊으라는 뜻이 아닙니다. 부모로부터 독립된 성숙한 인격체로 살아야 한다는 것이지요. 여태까지 부모의 가치를 내면화하며 양심에 따라 자라왔지만, 이제는 부모에 대한 신격화를 깨부셔야 한다는 것입니다. 쉽지 않은 과정입니다. 나의 부모가 틀렸다는 생각은 존재의 뿌리를 부정하고 부모의 희생을 배신하는 것처럼 느껴지거든요. 미워하는 것은 미워하는 것이 아닙니다. 그거 또 나는 보습을 받아들이는 일이지요.

초자아에 마음을 지배당하는 사람은 좋은 사람으로 보입니다. 착한 딸, 착한 아들, 말 잘 듣는 직원, 순한 동생, 편한 친구가 되어줍니다. 하지만 만만한 사람, 이용하기 쉬운 사람, 거절하지 못하는 사람, 우스운 사람이 되기도 합니다. 나의 호의는 상대의 권리가 되고 희생은 당연한 서비스가 됩니다. 억지로 하는 마음은 죄책감과 의무감을 남기고, 떠밀린 행위는 스스로를 지치게 합니다. 지금 행복하지 않다면 잘못된 방향으로 가고 있는 것입니다.

올바른 삶을 산다는 건 무엇일까요? 우리가 배워왔던 선 그리고 완벽의 기준은 무엇일까요? 그 올바르고 착하고 완벽한 삶의 주인은 과연 '나'였을까요? 그 안에서 나는 행복했을까요?

익숙해진 포기

조남주 작가의 단편소설 〈현남 오빠에게〉는 연인인 현남 오빠의 일방적인 주도권에서 벗어나기 위해 용기 내는 한 여성의 고백이 나옵니다. 두 사람의 인연은 이렇게 시작되는데요. 교내에서 길을 잃은 여자는 현남을 발견하고 길을 묻습니다. 현남은 그런 여자에게 "가자, 나도 공학관 가는 길이야"라고 말하며 동행하지요. 고맙기도 하지만 부담스러웠던 여자는 그날 일을 또렷하게 기억합니다. 하지만 그날에 대한 현남의 기억은 조금 다른데요. 현남은 여자가 자신에게 '데려다 달라'고 했다고 주장합니다. 여자는 그날 현남이 했던 말 '가자, 나도 공학관 가는 길이야'를 여러 번

노트에 끄적거렸던 일을 떠올리며 그의 기억이 틀렸다고 확신하지만, 이 말을 꺼내면 마치 자신이 그에게 첫눈에 반한 것처럼 보일까 봐 그냥 넘어갑니다.

같은 사건에 대한 다른 기억, 말다툼 그리고 현남의 주장을 인정하며 끝나는 싸움. 그 후로도 이런 일은 여러 번 반복됩니다. 하루는 두 사람이 길을 걷다가 카페에 앉아 있는 익숙한 얼굴을 발견합니다. 현남은 그 사람이 같은 학과 사람이냐고 묻지요. 어자는 자신의 학과 친구가 아니고 현남의 동아리 친구라고 대답합니다. 그러자 현남은 자신이 같은 동아리 친구도 못 알아보는 게 말이 되냐며 여자를 나무랍니다. 하지만 그 말은 조금 이상합니다. 그렇다면 여자가 같은 과 친구를 알아보지 못하는 것은 말이 된다는 걸까요? 비슷한 상황마다 현남의 말이 옳다며 넘어갔던 여자도 그날따라 고집을 부리고 싶어집니다. 카페에 들어가서 직접 물어보자고 말하지요. 현남은 오늘따라 왜 이렇게 예민하게 구냐며 힐난하고는 네 말이 맞는 걸로 치자며 얼렁뚱땅 넘어가려 듭니다.

하지만 그날따라 오기가 생긴 여자는 현남의 손을 잡아끌고 카페로 들어갑니다. 그리고 카페 안에 앉아 있던 학우, 그러니까 규연이가 현남의 동아리 후배라는 대답을 듣고야 맙니다. 순간 여자는 눈물을 보이고 마는데요. 여자는 왜 울었을까요? 그건 현남이 우겨서도, 착각해 놓고 별일 아니라고 넘겨서도 아니었습니다. 그 순간, 즉 규연의 정체를 확인하러 가는 순간에 여자는 자기 스스로를 의심하고 있었기 때문입니다. '내가 헷갈리고 있는 거면 어쩌지, 혹시 내가 틀렸으면 어떡하지' 하면서 말입니다. 겉으로 당당하게 으름장을 놓았던 여자는 사실 속으로 불안해하고 있었던 것이었지요. 여자의 마음속에서는 도대체 무슨 일이 벌어지고 있었던 걸까요?

여자는 현남으로부터 가스라이팅을 당하고 있었습니다. 사소한 싸움을 반복하면서 현남은 여자가 자기 자신에 대한 신뢰를 놓아버리게 만들었지요. 다툼이 되풀이될 때마다 현남은 감정이 격해졌고 여자는 두려움을 느꼈습니다. 감정이 폭발하는 게 두려워 현남의 주장을 인정하고 넘어가는 경우가 허다했지요. 드물게 의견을 강하게 주장하는 날도 있었지만 그럴 때마다 예민하게 군다며 면박을 주는 현남 때문에 의기소침해졌고, 때로는 그렇다고 치자는 현남의 말에 승리 아닌 승리로 찝찝한 마무리를 했지요.

가스라이터가 잘하는 행동 중 하나가 무의미한 싸움 걸기입니다. 예를 들어, 기억을 떠올리며 네 이야기가 맞네, 내 말이 맞네 하며 시비를 거는 것이지요. 기억에 대해 옳고 그름을 따지는 것은 무의미합니다. 기억은 쉽게 왜곡되기 때문입니다. 만약 두 사람이 공유한 기억이 서로 다르다면 둘 중 한 사람이 잘못 기억하고 있구나 하고 넘어가면 그만입니다. 그렇지 않으면 목소리 큰 놈이 결국 이기고 마니까요. 두 사람 중 한 사람이 기싸움에서 이기는 일이 되풀이되면 지는 일에 익숙해진 사람은 자기 자신을 의심하기에 이르지요. '정말 저 사람이 옳은가 보다, 내가 틀렸는지도 몰라' 하고 말이지요.

심리학자 마틴 셸리그만Martin Seligman은 개들에게 전기 충격을 주는 다소 충격적인 실험을 한 적이 있습니다. 개들을 두 무리로 나누어 각각 다른 전기 충격 상자에 가두고 그 반응을 보는 것이었는데요. 첫 번째 상자에는 다행히 전기 충격을 멈출 수 있는 레버가 있었습니다. 이 상자에 갇힌 개들은 이리저리 날뛰다 레버를 눌러 전기 충격을 멈추는 법을 찾아냈지요. 하지만 두 번째 상자에는 아무런 장치도 없었습니다. 이곳의 개들은 어떤 노력으로도 전기 충격을 피할 수 없었지요.

하루가 지나고 개들은 새로운 상자로 옮겨졌습니다. 두 칸으로 나뉜 이 상자에서는 낮은 담만 살짝 넘어도 전기 충격이 없는 곳으로 피할 수 있었지요. 첫 번째 상자, 그러니까 레버를 눌러 전기 충격을 멈출 수 있었던 상자 속 개들은 두 번째 상자로 옮겨가자 곧장 담을 넘었습니다. 전기 충격으로부터 달아날 수 있었지요. 심지어 전기 충격을 예고하는 불빛만 보여줘도 미리 도망치는 모습을 보였습니다. 하지만 두 번째 상자 속 개들은 아무런 시도도 하지 않았습니다. 구석에 웅크리고 앉아 고통을 고스란히 받고 있었지요. 왜 그랬을까요?

첫 번째 상자 속 개들은 노력만 하면 지금 이 상황에서 벗어날 수 있다는 사실을 학습한 것입니다. 그래서 다른 상자로 옮겨졌을 때도 새로운 시도를 할 수 있었지요. 담이 있네? 한번 도망쳐 볼까? 하고 말입니다. 하지만 두 번째 상자 속 개들은 어떤 노력으로도 벗어날 수 없다는 마음을 학습했습니다. '아무리 노력해도 소용없어, 어차피 저 담을 넘어도 똑같을 거야.' 이런 부정적인 마음을 배운 것이지요. 나아질 수 있는 환경으로 바뀌었지만 시도조차 할 수 없는 상태에 빠진 것입니다. 심리학에서는 이런 마음 상태를 '학습된 무기력learned helplessness'이라고 부릅니다.

언제나 패자의 위치에 있던 사람은 무기력을 학습합니다. 한 달 전에 다툴 때도 졌고 어제 다툴 때도 졌으니 오늘의 다툼에서도 역시나 질 것이라고 확신합니다. 그래서 다툴 상황이 눈앞에 닥치면 싸워보지도 않고 상대방의 손을 들어주고 맙니다.

오랜 가스라이팅으로 지친 가스라이티 역시 그런 마음가짐이지요. 여자는 현남과의 이별을 결심하지만 이별 통보 역시 쉽지 않습니다. 매일 주도권 싸움에서 진 사람은 이별이라는 싸움, 그러니까 이별을 하느냐 마느냐 결정하는 싸움에서도 결국 질 게 뻔하다고 믿으니까요. 마음을 고백하다 보면 목소리가 떨릴 것 같아서, 긴장감에 말문이 막히고 눈물부터 나올 것 같아서, 그 사람이 대화의 주도권을 잡고 결국은 설득당할 것 같아서 두렵습니다.

하지만 여자는 포기하지 않습니다. 그 대신 일방적인 소통 방식을 선택하지요. 그 사람이 말할 기회를 차단하고 자기 말만 전

달할 수 있는 방식, 바로 편지였습니다. 누가 이별 통보를 편지로 하냐고요? 소설 속 여자가 그렇게 했습니다. 그와 처음 만난 날부터 두 사람이 겪어왔던 일들, 감정, 그리고 결혼하지 않겠다는 당돌한 고백을 써 내려갑니다.

가스라이팅 관계에서 벗어날 수 있는 가장 확실한 방법은 관계를 끊어내는 것입니다. 하지만 나에게는 관계를 끊을 결정권마서 없는 것처럼 느껴집니다. 전기 충격 상자 속 웅크린 개처럼 그 상황을 겸허히 받아들입니다. 하지만 벗어날 방법은 분명히 존재합니다. 그건 아주 작은 성공 경험을 하는 것입니다. 학습된 무기력은 '시도해도 아무 소용없다'는 마음이 내면화된 상태이기 때문에 '하니까 된다'는 경험 한 번으로도 와르르 무너뜨릴 수 있습니다. 딱 한 번이면 됩니다. 그 경험을 위해서는 성공률 백 퍼센트의 사소하고 작은 도전을 해야만 합니다. 〈현남 오빠에게〉 속의 주인공에게는 편지 쓰기가 그 도전이었지요.

가스라이티의 모습을 보고 누군가는 더 강하게 대응하라고 말합니다. '왜 바보처럼 당하고 있어요. 나라면 그렇게 안 살아요. 욕이라도 해서 이겨야지요. 그 말을 듣고만 있었어요?' 가스라이티도 알고 있습니다. 이 상황을 벗어나기 위해 노력해야 한다는 것 말입니다. 하지만 노력할 힘조차 없다는 사실을 더 잘 알고 있지요.

그들에게 맞서라고 부추기는 것은 마치 건강한 사람이 병약한 사람에게 "20킬로그램 덤벨 들어봐요. 그래야 근육이 생기고 튼튼해지죠"라고 말하는 것과 같습니다. 겨우 1킬로그램의 덤벨을 들 힘도 없는 사람에게 말입니다. 각자가 감당할 수 있는 힘이 다른데 이상적인 조언만 하고 있는 것이지요. 이들에게 필요한 건 고작 팔로 덤벨을 드는 흉내만 내보라는 것, 그리고 그 흉내를 해냈을 때 잘했다고 응원하는 일입니다. 자신이 할 수 있는 수준에서 성공할 수 있도록 격려하는 것이지요.

강하지 않아도 괜찮습니다. 조금 비겁해도 괜찮아요. 연약한 방법이라도 괜찮습니다. 해낼 수만 있다면 말이지요. 시작할 수 없으면 성장할 수 없습니다. 그러니 그 시작은 아주 사소해야 합니다. 한 번도 내지 못했던 목소리를 낼 수 있는 방법이라면 초라하고 유치한 방법이라도 시도해야 합니다. 그 한 번의 성공 경험이 무기력감으로 바닥 친 마음에 작은 용기의 씨앗을 틔워줄 것입니다. 계속되는 성공 경험의 양분을 먹고 자라 언젠가는 당당한 목소리라는 열매를 맺을 것입니다.

나조차도 나를 믿지 못했던 이유

불륜을 저지른 사람을 보면 어떤 마음이 드나요? 다시는 사회에서 고개도 못 들게 창피를 주고 싶습니다. 죄의식을 느낄 만큼 대놓고 비난하고 싶지요. 하지만 어떤 내연녀는 억울함을 호소할지도 모르겠는데요. 바로 넷플릭스 오리지널 시리즈 〈이 구역의 미친X〉의 주인공 이민경이 그런 사람입니다. 수려한 외모에 능력까지 갖춘 민경에게는 부족함이 없었습니다. 완벽한 남자친구까지 있었지요. 하지만 완벽한 민경의 인생에 먹구름이 끼기 시작합니다.

회사에 한 여자가 찾아왔습니다. 분위기는 싸해졌지요. 누구였을까요? 예상하다시피 남자친구의 아내였습니다. 민경의 남자친구는 민경에게 자신을 이혼남이라고 소개했습니다. 하지만 회사에 찾아온 여자의 입장은 달랐습니다. 그들은 여전히 부부였고, 함께 살고 있으며, 아내인 자신의 돈을 쓰며 바람피운 상대 중 하나가 민경이었다는 겁니다. 충격을 받은 민경은 이별을 결심합니다.

이별을 통보한 날, 민경의 휴대폰으로 동영상 하나가 전송됩니다. 속옷만 입고 방긋 웃는 민경의 모습, 그와 사랑을 나누던 장면이었습니다. 남자는 불법 촬영 영상으로 민경을 협박하고 때리기까지 하지요. 민경은 안전 이별에 실패하고 괴로운 나날을 보냅니다. 하지만 민경을 괴롭게 한 사람은 남자친구만이 아니었습니다. 지인들이 민경을 비난하기 시작한 것입니다. "유부남과 놀아나더니 결국 그렇게 됐네." 상처와 배신감으로 무너진 민경은 불안 장애와 강박 장애에 시달립니다.

그런 민경에게 새로운 친구가 생깁니다. 충동 조절 장애를 가진 옆집 총각 휘오였는데요. 두 사람은 같은 상담 센터를 다니며 이 구역에서 가장 미친 사람은 각자 자신이라고 우기다가 서로 미치지 않았다고 위로하기도 하며 우정을 쌓아갑니다. 두 사람이 기분 좋게 술에 취한 어느 날, 휘오는 힘들어하는 민경을 이렇게 위로합니다. 네 잘못이 아니라고, 네가 너무 예뻐서 세상이 질투하는 거라고, 너는 아무것도 모르지 않았냐면서 편을 들어줍니다.

그런데 민경은 충격적인 한마디를 내뱉습니다. "내가 다 알고 그랬다면?" 민경은 정말 다 알고도 유부남을 만난 걸까요?

민경의 세상은 무너졌습니다. 사랑하는 사람에게 배신당한 것도 모자라 협박에 폭행까지 당했고, 이런 민경의 편에 서주는 사람은 단 한 명도 없었지요. 세상은 민경이 알고도 불륜을 저질렀을 거라고 의심하고 확신하고 비난했습니다. 그 사건은 인터넷에 오르내리며 악성 댓글까지 달렸지요. 민경을 믿어주는 사람은 하나도 없었습니다. 심지어 민경의 어머니마저 말입니다.

민경은 세상이 두렵고, 남자가 두렵고, 그가 다시 돌아와 협박하고 폭행할까 봐 두려웠습니다. 불안을 잠재우려 집에 남자 속옷을 걸어놓고 남자 신발을 내놓았지요. 남자와 함께 사는 척이라도 하면 그가 찾아오지 못할 것 같았거든요. 그런 민경의 집에 연락도 없이 어머니가 찾아옵니다. 그리고 나무라지요. 너는 남자 없이는 못 사냐며, 도대체 왜 아직도 그러고 사냐며 말이지요. 남자와 동거라도 하는 줄 알았던 모양입니다. 사정도 모르고 자신을 비난하는 어머니에게 민경은 그렇다고, 나는 남자 없으면 못 산다고 소리를 지르며 자리를 박차고 나가지요.

이 상황을 알게 된 휘오는 어머니를 달래고, 어머니는 솔직한 고백을 합니다. 사실은 민경이 어렸을 때부터 믿어주지 못했다고요. 민경의 어머니는 습관처럼 딸을 의심했지요. 민경의 속마음도, 진심도 모른 채 나쁜 아이라고 낙인찍는 게 버릇이었던 겁니다. 민경은 아주 어릴 때부터 이미 의심 어린 시선을 받는 데 익숙했던 것이지요.

세상에 태어날 때 마음은 어떤 모습일까요? 새하얀 도화지처럼 아무것도 그려지지 않은 상태일 테지요. 어떤 경험도 없으니까요. 그 마음에 무엇을 그려줄지 결정하는 일은 양육자의 몫입니다. 사랑을 그려주면 사랑이 가득한 도화지가 되고, 비교를 그려주면 비교로 채워진 도화지가 됩니다. 미움을 그려주면 미운 아이가 되고 의심을 채워주면 불신으로 가득 찬 아이가 됩니다. 아기는 양육자가 만들어준 세상에 비추어 자신에 대한 이미지를 형성해 나갑니다. 이를테면 '나는 사랑받을 만한 자격이 있다', '나는 뭐든 잘해낼 자격이 있다' 같은 마음을 쌓아가는 것이지요. 이런 마음이 쌓여 자신에 대한 신념 체계가 형성되는 것을 '내적작동모델internal working model'이라고 부르지요.

한번 형성된 내적작동모델은 자신과 세상을 바라보는 색안경이 됩니다. 사랑의 색안경을 쓴 아이에게는 세상이 온통 핑크빛입니다. 아이는 자신과 세상을 믿고 더 따뜻하게 행동합니다. 이 모습을 본 사람들은 아이를 사랑해 주고, 아이는 다시 그 사랑을 통해 자신을 더 소중한 사람이라고 믿게 되지요. 이렇게 선순환이 이루어집니다. 하지만 비난의 색안경을 쓰게 된 아이는 어떨까요? 아이의 세상은 온통 어둡지요. 자기 자신도 어둡게 보입니다. 얼룩지고 차갑고 더러워 보입니다. 그런 모습으로 사람을 대하니 사람들도 아이를 꺼립니다. 아이는 사람들의 반응으로 인해 더욱 확신합니다. '역시 세상은 차가워, 나는 형편없어.' 그리고 그 마음으로 세상을 해석하며 살아갑니다.

최은영 작가의 단편소설 〈먼 곳에서 온 노래〉에는 율라라는 인물이 등장합니다. 율라에게는 가족보다 의지하던 미진이라는 룸메이트가 있었습니다. 하지만 언제부턴가 두 사람의 사이가 소원해지지요. 두 사람은 결국 갈등을 해결하지 못했고 미진은 세상을 떠나고 맙니다. 율라는 오랜 시간이 지나고 나서야 그때 자신의 마음을 생각해 봅니다.

"소은. 어린애들은요. 어른이 한 말을 다 진짜로 믿고 받아들여요." 율라는 미진의 오랜 친구에게 이렇게 말을 시작합니다. 그리고 과거를 고백하지요. 율라의 아버지는 어린 율라에게 늘 너는 쓸모없는 계집애라고, 아무것도 아니라고 말했습니다. 율라는 그런 아버지의 말을 믿고 받아들입니다. 자신을 쓸모없는 계집애로 생각하지요. 그러다 성인이 되어 홀로 러시아로 유학 온 미진을 만납니다. 율라는 미진이 새로운 삶에 적응하는 데 큰 도움이 되어줍니다. 미진을 통해 율라는 자신도 누군가에게는 쓸모 있는 사람이라고 느끼기 시작하지요. 하지만 그 기쁨도 잠시, 미진이 러시아어를 잘하게 되면서 율라를 더 이상 의지하지 않자 내면의 목소리가 다시 올라옵니다. '넌 미진에게도 아무것도 아니야. 넌 쓸 모없는 계집애야.' 그래서 미진을 미워하게 되지요.

드라마 속 민경도 율라와 같았습니다. 민경의 어머니는 불신의 마음으로 민경을 바라보았고, 그런 민경의 마음에는 '너는 믿을 만한 사람이 아니다.' '너는 도무지 이렇게밖에는 할 수 없는 아이니?' '형편없고 답이 없는 아이구나.' '내가 그럴 줄 알았지.' 이런 말풍선들이 가득 채워져 있었겠지요. 이런 민경에게 아픈 일이 벌어지고 세상은 민경을 의심합니다. 어머니를 닮은 모습으로 말입니다. 민경은 의심을 사실로 받아들이지요. '사실은 내가 알고 그런 게 아닐까? 유부남인 걸 알면서도 그 사람을 만난 건 아닐까? 사람들이 다 그렇게 말하잖아. 난 원래 그런 사람이잖아.'

믿어주지 않는 부모 아래에서 자란 아이는 스스로에 대한 신뢰감을 잃어갑니다. 부모의 말대로 자신을 불신하고, 선택을 두려워하고, 긴장하며 살아가지요. 이런 성격은 가스라이팅에도 취약합니다. 가스라이터는 가스라이티가 스스로 의심하기를 원하거든요. 이미 자신을 믿지 못하는 사람에게 의심을 심어주는 건 게임의 첫 단계를 깨는 일처럼 쉽습니다. 민경도 그런 사람이었지요. 자신을 믿지 못하는 사람. 거기에 더해 세상이 민경에게 가스라이팅을 시작합니다. '너 알고 그랬잖아.' '너 나쁜 애 맞잖아.'

다행인 것은 자신을 믿어주는 사람이 나타날 때 신념은 변할 수 있다는 것입니다. 다시 한번 자신을 믿어볼 기회가 생기는 것이지요. 하지만 이 또한 쉽지 않습니다. 우리는 익숙한 상황을 유지하려 하기 때문입니다. 도시에 살던 아이는 아파트에 사는 게 편합니다. 갑자기 시골집으로 가면 불행하다고 느끼지요. 좋은 것에 익숙해지면 그 삶이 편안하게 느껴지는 것, 어쩌면 당연합니다. 그럼 반대의 경우는 어떨까요? 불행한 사람은 삶이 변하는 걸 기대할까요?

행복한 사람이 불행해지기 싫어하는 것처럼 불행한 사람도 자신의 삶이 바뀌는 걸 원하지 않습니다. 행복하지 않은 삶이라 할지라도 익숙함을 편안함으로 여기기 때문입니다. 절대적으로 나쁜 삶이라는 사실을 알아도 익숙한 그 길을 향하게 되지요. 이를테면 어린 시절 학대받고 자란 아이는 성인이 되어서도 자신을 학대하는 사람에게 끌리곤 합니다. 익숙한 것을 찾게 되는 것이지요. 머리로는 이 길이 아니라는 사실을 알아도 마음은 자꾸만 익숙했던 상황을 향해갑니다. 이를 귀향 증후군이라고 합니다.

어린 시절 부모로부터 의심을 받았던 자녀는 성인이 되어서도 이 상황을 익숙하게 생각합니다. 부모와 닮은 사람, 자신을 의심하는 사람이 편하게 느껴지지요. 불행해진다는 사실을 알지만 그런 사람을 찾아 다가가고 익숙한 상처를 받아냅니다. 스스로에 대한 불신을 강화해 나가지요. 그렇게 과거로부터 벗어나지 못하고 제자리걸음만 걷게 됩니다. 어떻게 하면 다른 길로 한 걸음 나아갈 수 있을까요?

　　민경은 강박 장애를 가지고 있었습니다. 그 원인은 자신에 대한 불신이었습니다. 남들은 이해할 수 없는 상황에서도 끊임없이 자신을 의심했는데요. 민경은 불안을 해소하기 위해 여러 가지 행동을 했습니다. 그중 하나가 자신이 찍은 사진을 틈틈이 확인하는 것이었지요. 민경은 집을 나서기 전 가스 밸브와 창문을 꼭 카메라로 찍었습니다. 자신이 밸브를 잠그지 않았을 거라고, 창문을 열고 나왔을 거라고 확신하기 때문이었지요. 하지만 사진은 민경의 생각이 틀렸음을, 민경이 가스 밸브를 잠그고 창문을 닫았음을 증명해 주었지요. 불안이 올라올 때마다 민경은 사진을 보고 위안을 얻었습니다. 하지만 이내 또 불안해지고, 그럼 또 사진을 열어보는 것이었지요.

　　이렇게나 자신을 못 믿는 민경에게 휘오가 찾아갑니다. 마음처럼 굳게 닫힌 현관문을 두드립니다. 그리고 묻지요. "창문 잘 닫혀 있어? 밸브 잘 잠겨 있어?" 엉뚱한 그의 질문에 민경은 집안을 살펴보고 그렇다고 말합니다. 그러자 휘오는 다시 말합니다. "거봐, 잘 되어 있잖아. 이제 그만 스스로를 믿어줘."

　　여러분에게는 휘오 같은 친구가 있나요? 세상이 나를 의심하고 비난할 때, 가장 가까운 사람도 나를 믿어주지 않을 때 잘하고 있다고, 믿는다고 말해주는 친구 말이지요. 그런 사람이 있다면 절대 놓치지 마세요. 익숙한 칭찬이 아니라서, 받아온 신뢰가 아니라서 민망하고 불편할 수 있습니다. 나는 원래 이런 사람이라고 버티지 마세요. 그 어색한 신뢰와 사랑을 계속 받을 때, 마음에 쌓여 있던 불신의 말풍선이 하나하나 지워집니다.

혹시 그런 친구를 만나지 못할 수도 있습니다. 그래도 실망할 필요 없습니다. 그때는 나 자신이 내 편이 되어주고 격려해 주면 됩니다. 남들은 몰라도 나는 나를 안다고, 엄마도 모르는 내 마음 내가 잘 안다고, 지금 충분히 잘하고 있다고 말입니다. 작은 순간마다 나를 믿어주고 그 경험을 기억하세요. 일기로 남기고, 사진을 찍으세요. 그리고 나에 대한 의심이 올라올 때마다 꺼내 보세요. 그리고 휘오처럼 나 자신에게 말해주세요. "창문 잘 닫혀 있지?" "밸브 잘 잠갔지?" "오늘도 잘 해냈지?" "거봐, 너 잘하고 있잖아."

믿음대로 될지어다

흔히 고정관념stereotype이라 하면 한 번 정해진 후 바꾸기 어려운 개인의 신념을 말합니다. 심리학에서는 한 사람의 독특함을 무시하고 그 사람이 속한 집단의 특성으로 대상을 뭉뚱그려 판단할 때 고정관념이라는 용어를 사용하는데요. 예를 들어, 흑인이 교환학생으로 한국에 왔습니다. 그 친구만의 고유한 개성과 능력과 취향이 있을 텐데, 우리는 흑인에게 상상되는 일반적인 특성으로 그 친구를 판단하려 합니다. 저 친구는 운동을 잘하겠지, 음악을 잘할 거야 하고 말입니다. 예시는 장점을 말하고 있지만 보통은 부정적인 특징으로 보는 경우가 더 많지요.

긍정적으로 보든 부정적으로 보든 고정관념은 바람직하게 작용하지 않습니다. 개성과 잠재력을 놓치거나 오해할 수 있기 때문이지요. 한 사람을 왜곡해서 바라보게 됩니다. 있는 그대로의 모습을 존중할 수 없지요. 자연히 고정관념의 대상이 된 사람은 상처를 받습니다. 그런데 더 큰 문제가 있습니다. 고정관념은 사람을 오해할 뿐 아니라 사람을 바꿔버립니다. 고정관념에 맞게 말이지요.

여성이 남성보다 수학을 못한다는 속설은 너무나도 익숙합니다. 저 역시 이 말을 들으며 자라왔지요. 그래서인지 실제로 학창 시절에는 수학을 참으로 못했는데요. 현재는 남편보다 제가 더 수학을 잘하니 진실은 과연 무엇일까요? 스펜서Spencer와 함께한 미시간 대학교 연구팀에서는 이 가설을 검증하기 위해 흥미로운 실험을 진행했습니다. 실험은 간단했습니다. 학생들을 모아두고 산수 문제를 풀게 한 뒤 어느 성별이 수학을 더 잘하는지 확인하는 것이었지요.

연구팀은 여기에 한 가지 재미있는 조작을 추가했습니다. 학생들을 무작위로 섞어 두 그룹으로 나눈 다음 한 그룹의 참가자들에게는 '수학 문제를 푸는 실력은 남자가 여자보다 뛰어나다'는 정보를 흘렸고, 다른 집단의 참가자들에게는 '성차가 존재하지 않는다'는 정보를 흘렸습니다. 물론 그때까지는 검증되지 않았으니 어떤 정보가 맞는지는 아무도 몰랐지요.

결과는 상당히 흥미로웠는데요. 여자가 남자보다 수학을 못한다는 정보를 들은 그룹에서는 그 정보와 동일한 결과가 나타났습니다. 여학생의 점수가 남학생의 점수보다 현저히 낮았던 것이었지요. 그렇다면 성차가 없다는 정보를 들은 집단은 어땠을까요? 그들도 역시 미리 들은 정보와 같은 결과를 보여주었습니다. 남녀 간의 점수가 비슷했던 것이지요.

사회심리학에서는 이런 현상을 '고정관념 위협stereotype threat'이라고 부릅니다. 고정관념 위협이란 누군가가 자신이 고정관념의 대상이 되었다는 것을 인지할 때 불안해지고, 그 불안 때문에 자기도 모르게 고정관념과 유사한 방향으로 행동하게 되는 것을 말합니다. 위 실험을 예로 들면, 여성이 남성보다 수학을 못한다는 정보를 들은 여학생은 자신이 고정관념의 대상, 즉 자신이 수학을 못하는 여성이라고 인지했을 겁니다. 그 정보는 여학생을 불안하게 만들고 불안한 마음은 실수를 유도합니다. 결국 남학생에 비해 실력 발휘를 하지 못한 여학생은 고정관념을 사실로 증명하게 됩니다. 반면에 성차에 대한 정보를 받지 않은 그룹의 여학생은 불안을 느끼지 않았습니다. 덕분에 자신의 실력대로 문제를 풀 수 있었고요. 결과적으로 남학생과 여학생의 수학 실력에는 차이가 없음을 밝히게 된 것이지요.

고정관념 위협의 효과가 말하고자 하는 건 무엇일까요? 고정관념은 개인의 능력을 무참히 짓밟고도 그게 진실인 것처럼 포장하는 힘을 가진다는 것입니다. 표면적으로는 아무도 방해하지 않은 것처럼 보이니 드러나는 결과가 실제처럼 느껴지고, 고정관념이 사실인 것처럼 착각합니다. 하지만 고정관념은 한 사람의 마음을 보이지 않게 흔들고 자기답지 않은 행동을 하게 만듭니다.

고정관념 위협은 집단뿐만 아니라 한 사람의 인생에 대해서도 충분히 적용해 볼 수 있는 개념입니다. 이를테면, 가스라이팅을 향한 고정관념도 고정관념 위협이 될 수 있겠지요. 가스라이터가 자주 사용하는 특정 언어 패턴이 있습니다. 주로 상대방에게 문제가 있는 것처럼 몰아세우는 말들이지요.

왜 맨날 그렇게밖에 못 해.

별것도 아닌 일에 왜 이렇게 예민하게 굴어.

네가 착각했겠지.

꼭 그런 식으로 말하더라.

너만 그렇게 생각하는 거야.

네가 그렇지 뭐.

이렇게 된 건 다 네 탓인 거 알지?

너도 똑같은데 왜 나한테 그래?

네가 어려서, 여자라서, 남자라서, 잘 몰라서 그래.

나 정도니까 너를 받아주지.

나 아니면(여기 아니면) 갈 데가 있을 것 같아?

네가 그러니까 왕따당하는 거야.

너 때문에 내 인생이 이렇게 됐어.

거봐, 내 말이 맞잖아.

만약 위와 같은 말들이 고정관념으로 자리 잡으면 어떤 일이 벌어질까요? 민과 윤은 부부 사이입니다. 완벽주의적인 성격이 강한 민은 결혼 전부터 윤에게 큰 기대가 있었습니다. 하지만 윤은 사람이라면 누구나 할 수 있는 실수를 종종 하는 평범한 사람이었습니다. 윤이 실수할 때마다 민은 비난하는 말을 내뱉었습니다. '넌 왜 맨날 그런 식이야? 항상 덤벙대더라.' '오늘도 그럴 줄 알았어, 내가 말했잖아. 조심하라고. 왜 고치지 않는 거야?' 윤은 이런 말을 들을 때마다 살얼음판을 걷는 것처럼 긴장되었습니다.

윤이 처음부터 이렇게 위축된 성격은 아니었습니다. 당당하고 자신감 넘치는 성격이었지요. 하지만 신혼여행에서 돌아온 날 실수로 컵을 하나 깨고부터 상황이 변하기 시작했습니다. 민은 자신이 아끼는 컵을 깼다며 불같이 화를 내며 윤이 매사에 조심성이 없고 덤벙대는 성격이라고 비난했습니다. 그 뒤로 민은 윤이 뭘 깨지 않을까, 실수하지 않을까 일거수일투족을 감시하며 잔소리했지요. 그때부터 윤은 실수가 나올 수 있는 순간이 오면 심장이 두근거리고 손이 떨리는 자신을 발견합니다. 그 긴장감은 결국 실수를 이끌어냈지요.

　이럴 때마다 민은 소리를 질렀습니다. "거봐, 내가 뭐랬어. 너
는 그런 애라니까. 말을 하면 좀 들어야지. 덤벙대는 성격 좀 고치
라고 매일 말하잖아. 한두 번 말하는 것도 아닌데 왜 이렇게 조심
성이 없어? 내가 다 너 생각해서 말하는 거잖아. 네가 밖에 나가서
이렇게 실수하면 사람들이 얼마나 욕하겠어. 나니까 이 정도에니
끝나는 거지. 걱정된다. 걱정돼."

　윤은 자꾸만 실수를 반복하는 자신이 미워집니다. 민에게 변
하는 모습을 보여주지 못해 미안해지기까지 합니다. 하지만 윤의
실수는 어김없이 반복되고, 민은 더욱 불같이 화를 냈지요. "너는
내 말을 귓등으로도 안 듣는구나. 노력이라는 걸 안 하는 애야."

　민은 윤의 가스라이터였습니다. 민은 완벽한 인생을 꿈꿨고
윤을 그 그림에 끼워 맞추려고 했습니다. 사소한 실수 하나를 용
납하지 않았지요. 윤을 덤벙거리고 실수가 많은 문제아로 낙인찍
은 뒤 언어적 폭력을 끊임없이 행사합니다. 이런 폭력으로 형성된
윤의 두려움은 불안감을 조성하고, 불안은 실수를 다시 유도했지
요. 실수는 민의 비난에 대한 명분이 됩니다. '거봐, 내 말이 맞지?
너 그럴 줄 알았다니까.'

　가스라이터의 부정적인 언어 패턴을 반복적으로 듣는 사람은
그 방향에 맞게 기어이 실수를 하고 맙니다. 하지만 그 원인이 가

스라이터의 말 때문이라고 생각하지 못하지요. 실수한 사람은 자기 탓을 하고 가스라이터는 자신의 판단을 확신하면서 비난을 정당화하는 관계가 됩니다. 이렇게 두 사람의 힘의 균형은 무너집니다. 고정관념의 위협과 닮은 이 상황으로부터 도망갈 수 있는 방법은 없을까요?

옛날 옛적에, 키프로스라는 지역에 피그말리온이라는 조각가가 살고 있었습니다. 그 지역 사람들은 성적으로 워낙 문란했는데요. 피그말리온은 이런 상황에 질색하며 결혼이라고는 꿈도 꾸지 않았지요. 그 대신 아름다운 조각상을 만들어 사랑에 빠집니다. 현실감각을 잃은 피그말리온은 매일 밤 신에게 엉뚱한 소원을 비는데요. 조각상을 사람으로 바꿔달라는 소원이었지요. 황당하게도 그 기도는 이루어지고 맙니다. 미의 여신 아프로디테가 그의 간절함에 감동하고 만 것이지요. 결국 조각상은 아름다운 여인으로 살아나고 둘은 오래오래 행복하게 살았답니다. 끝.

그리스 신화에 나오는 이야기입니다. 그런데 심리학에서는 이런 마법 같은 일이 실제로도 일어날 수 있다고 주장하지요. 바로 자기 충족적 예언self-fulfillment prophecy이라고 부르는 심리 효과입니다. '이런 사람이 될 거야'라고 간절히 기대하는 사람은 정말로 그런 사람이 된다는 현상입니다. 물론 신데렐라의 누더기가 드레스로 변하는 것처럼 뽕 하고 바뀌는 것은 아닙니다. 천천히 자연스럽게 변해가지요. 저의 이야기를 해보자면 저는 무작정 저자가 되고 싶다는 생각을 하게 되었습니다. 아무 생각 없이 책을 읽고, 책 쓰는 법과 글 쓰는 법에 대한 책을 찾아보았지요. 자연히 글도 많이 쓰게 되어 인터넷에 올리기 시작했습니다. 그리고 우연히 제 글을 본 출판사로부터 연락을 받아 책을 출간하게 되었습니다. 하루아침에 저자가 된 것이 아니라 조금씩 천천히 꿈에 가까워진 것이지요.

스스로에게 기대를 가진 사람은 자기도 모르게 그런 사람이 될 만한 행동을 하고, 그런 사람이 될 만한 환경을 찾게 됩니다. 그러다보면 목표한 사람이 될 기회를 만나게 되지요. 실패하는 날도 있겠지만 성공에 가까워질 가능성은 더욱 커집니다. 그 가능성이 하나둘 쌓이다 보면 기대하던 모습으로 변화된 자신을 만나게 되지요. 이 효과는 피그말리온의 간절함처럼 결국에는 바라는 모습으로 변화된다는 데서 피그말리온 효과Pygmalion effect라고 부르기도 한답니다.

상대의 부정적인 기대에서 벗어나는 법은 나에 대한 긍정적인 기대를 갖는 것입니다. 고정관념 위협을 거부하고 자기 충족적 예언을 실현하는 것이지요. 상대의 기대가 아닌 나의 기대대로 변한다는 믿음을 가지는 것입니다.

사회적 동물인 우리가 타인의 시선을 의식하는 것은 당연합니다. 부정적인 시선이나 평가를 받으면 고치고 싶은 마음 역시 성숙한 자세입니다. 하지만 이 마음은 어디까지나 건강한 관계 안에서 가져야 하는 것입니다. 상대방 때문에 자존감이 낮아지고 위축되고 죄책감으로 힘겨워진다면, 그래서 결국에는 더 망가지고 있는 자신의 모습을 발견했다면 단호하게 귀를 막을 때입니다.

'내가 너 그럴 줄 알았다'라는 말을 거부하세요. 그 대신 '내가 이렇게 멋진 사람인 줄 몰랐네' 하고 말해보세요. '넌 왜 항상 그것밖에 못 해'라는 소리에 귀를 막고 '난 앞으로 더 나아질 거야' 하고 다짐하는 것이지요. 나를 불안하게 하는 목소리를 거절하고 희망의 메시지를 나에게 전해주세요. 곽진영 작사가의 〈'넌 할 수 있어'라고 말해 주세요〉라는 동요가 있습니다. 가사가 참 좋습니다. 어린아이에게 들려주는 희망의 메시지입니다. 수많은 어른에게도 전달되면 좋겠습니다. '넌 할 수 있어'라고 말해주세요. 아니, '난 할 수 있어!'라고 말해주세요. 그 말은 기적처럼 우리 삶에서 실현될 테니까요.

내 덕이야, 아니 내 탓이야

    매 학기 말이 되면 곤혹스러운 순간을 맞이합니다. 바로 성적 발표 날인데요. 기대와 다른 성적에 이의를 제기하는 메일이 폭주하기 때문입니다. 대부분은 합리적인 이유로 문의하지만 그렇지 않은 학생도 종종 있지요. 이를테면, 출제한 시험 문제가 이상하다거나 본인의 답을 제가 잘 이해하지 못했다는 겁니다. 옛말에 잘되면 내 탓, 안되면 남 탓이라는 말이 있다는데 딱 그 짝입니다. 인간 심리가 그렇다고 하지요. 유리한 결과는 내가 잘해서, 불리한 결과는 남이 잘못했기 때문이라고 생각한다지요.

    '귀인'이라는 용어가 있습니다. 내일 아침 동쪽으로 가면 귀인을 만난다… 이거 아닙니다. 돌아갈 귀歸, 인할 인因. 무엇으로 인해 그 일이 생겼는지 되돌아보는 것, 즉 행동의 원인을 찾는 일을 귀인이라 하지요. 쉽게 말해, 어떤 일이 벌어졌을 때 그 일이 왜 일어났는지 그 이유를 결정하는 개인의 사고방식이 귀인입니다.

프리츠 하이더Fritz Heider는 귀인 양식을 크게 두 가지로 구분했습니다. 바로 내부 귀인과 외부 귀인인데요. 내부 귀인은 원인을 행위자 안에서 찾는 것입니다. 기질적 귀인dispositional attribution이라고도 합니다. 성적표를 받고 좌절한 학생의 경우를 상상해 볼까요? 내부 귀인을 하는 학생은 '내 머리가 나빠서', '내가 공부를 안 해서'와 같이 자신에게서 원인을 찾습니다.

반면에 외부 귀인이란 원인을 행위자 바깥에서 찾는 것입니다. 상황적 귀인situational attribution이라고도 하지요. '시험 문제가 이상해서', '하필 내가 공부하지 않은 부분에서만 문제가 나와서', '소음 때문에 문제 풀이에 집중을 못 해서'와 같이 외부 상황을 탓하는 경우가 여기에 해당하지요.

어떤 귀인을 하는 게 건강할까요? 원인을 변화시킬 수 있는지 없는지에 따라 달라집니다. 애를 써서 변화가 가능한 상황에서는 내부 귀인을 해야 합니다. 예를 들어, 시험을 망친 원인을 공부를 열심히 하지 않은 자신에게서 찾는 것이지요. 노력하면 더 좋은 결과를 얻을 수 있기 때문에 건강한 사고방식입니다. 내부 귀인이 변화 가능성을 제공할 때는 효능감이 생기고 자존감이 높아집니다. 더 나은 사람으로 성장할 기회도 주지요. 그런데 이 상황에서 외부 귀인을 한다면 어떻게 될까요? 노력하지 않습니다. 남 탓, 나라 탓, 세상 탓만 하며 불평불만에 사로잡힌 심술쟁이가 될 뿐이지요.

외부 귀인이 심한 사람은 실패를 예상하고 핑계거리를 마련해 놓기까지 합니다. 이를 자기 불구화self handicapping라고 합니다. 시험을 잘 칠 자신이 없는 학생은 시험 선날 술을 신낭 마시고는 술자리에 붙들려 공부를 못 했다고 말합니다. 자신의 선택이었음에도 어쩔 수 없었던 양 상황 탓을 하는 것이지요. 이렇게 볼 때 우리는 외부 귀인보다는 내부 귀인을 하는 게 현명하다고 판단할 수 있겠지요? 과연 그럴까요?

소설 《다른 사람》에는 유리라는 여학생이 나옵니다. 이 소녀는 자존감이 낮고 애정 결핍이 심해서 남자라면 너 나 할 것 없이 받아들이는데요. 오죽하면 별명이 진공청소기라고 합니다. 이를 잘 알고 있는 남학생들은 나쁜 마음을 먹습니다. 유리를 연애 대상으로 연습하고 성적으로 이용하자는 거였지요. 그들의 공모 과정은 잔인하고 끔찍한 가스라이팅 과외처럼 보입니다.

한 남학생이 다른 남학생에게 유리를 '엎어뜨릴' 방법과 관계에서 주도권 잡는 법을 가르칩니다. 그 방법은 바로 유리를 탓하는 것이지요. 일단 유리가 마음 문을 열 때까지는 최대한 다정하게 대해줍니다. 매력적인 가스라이터가 되어주는 거지요. 그리고 유리가 마음 문을 여는 순간 변하는 겁니다.

처음에는 넌지시 유리를 탓합니다. 이 관계에 문제가 생기는 건 너 때문이라고 말이지요. 그러다 점점 직설적으로 유리를 탓합니다. 너 때문에 상처받았고, 이건 다 네 탓이라고 말입니다. 혹시라도 유리가 원망하면 그것마저 유리를 탓합니다. 사람을 잘못 본 네 잘못이라고요. 결국 유리는 사랑을 놓치기 싫어 더 애가 타고 최선을 다해 남자에게 맞춰줄 것이라고 호언장담합니다. 그리고 이렇게 덧붙이지요. "중요한 건 걔한테 계속 틀렸다고 말하는 거야. 절대 어떤 의견도 인정해주지 마."

유리의 입장으로 돌아가서 귀인에 대해 생각해 볼까요? 내부 귀인은 해결하려는 노력을 이끌어냅니다. 바꿀 수 있는 상황이라면 성장할 기회를 만나겠지요. 하지만 노력으로도 바꾸기 어려운 것이 있습니다. 바로 사람인데요. 유리에게 접근한 남학생들은 어떤가요? 그들에게서 변화 가능성이 보이나요?

'사람 바꿀 수 있나요? 고쳐 쓸 수 있나요?' 하는 질문을 참 많이 받습니다. 많은 이가 사람은 변하지 않는다고 이야기하지요. 제 생각은 다릅니다. 사람은 변하고 관계는 개선될 가능성을 품고 있다고 믿습니다. 그러니 아직 희망은 있다고 말합니다. 하지만 여기에는 중요한 전제가 있습니다. 먼저, 바꾸고 싶은 면이 기질적으로 타고난 성향이 아니어야 합니다. 타고난 기질은 바꾸기가 어렵습니다. 그리고 이보다 더 중요한 건 본인 스스로가 변화의 필요성을 느끼고 노력하겠다는 의지를 가져야 한다는 것입니다.

소설 속 남학생들은 유리를 가스라이팅하고 있습니다. 가스라이터의 특징은 자신의 잘못을 인정하지 않고, 타인에 대한 배려가 없으며, 일방적인 희생을 요구한다는 것입니다. 목적을 이루기 위해서 수단과 방법을 가리지 않고 타인을 그중하려 들기 때문에 변힐 수 있다는 전제가 성립되지 않지요.

하지만 이런 관계 안에서도 희망을 품는 사람이 있습니다. 진심은 통한다는 믿음을 가지고 문제적인 사람을 좋은 사람으로 바꿔보겠다고 기대합니다. 남들은 다 포기했다 해도 나는 그 사람을 변화시킬 수 있을 거라고요. 하지만 '내'가 노력하면 나아질 것이라는, '내'가 그 사람을 바꿔보겠다는 기대에는 내부 귀인의 사고 방식이 포함됩니다. 바꿀 수 없는 상황에서도 나에게 초점을 두면 의미 없는 노력만 하게 되지요. 이 노력은 실패의 씨앗을 심어 좌절의 열매를 맺게 합니다. 무기력을 양분 삼아 부정적인 자기상의 꽃을 피웁니다. 결국에는 실패한 나를 비난하게 되지요.

관계 안에서 갈등이 생길 때 우리는 어떡해야 할까요? 함께 노력해야 합니다. 관계는 두 사람이 만들어가는 과정이니까요. 내가 나의 문제를 바로잡는 동안 상대 역시 자신의 문제를 개선해야 합니다. 하지만 악의를 품고 접근했다면 이야기는 달라집니다. 그

럴 때는 까짓것 쿨하게 외부 귀인을 해도 괜찮습니다. 너 때문이
야 하고 바이 바이 손을 흔들어줘도 괜찮다는 것이지요. 나 혼자
노력해야만 유지되는 관계, 나만 손 놓으면 끝나는 아슬아슬한 관
계에 에너지를 낭비할 필요가 없습니다.

　잘되면 내 덕, 안되면 남 탓이라는 말이 있다고 했지요. 이런
심리를 심리학에서는 '자기고양편향ego-enhancing bias'이라고 부릅니
다. 자신을 실제보다 좋은 사람, 대단한 사람, 유능한 사람이라고
믿으려는 마음이지요. 자기고양편향이 강한 사람은 문제가 생길
때 자기 탓을 하지 않습니다. 대단한 사람은 잘못할 리가 없으니
까요. 그래서 상황을, 환경을, 남을 탓합니다. 근거 없는 낙관주의
로 현실을 왜곡하고 객관적으로 자신을 보지 못하지요.

　그럼에도 자기고양편향을 하는 사람은 그렇지 않은 사람보다
정신적으로 건강하다고 알려져 있는데요. 실패하는 순간에 남 탓
을 함으로써 좌절하지 않고 자존감을 지켜낼 수 있거든요. 게다가
내 잘못이 아니라고 여기니 새로운 과제에도 두려움 없이 뛰어들
수 있습니다. 성공 경험을 할 기회가 더 많아지겠지요.

　아무리 노력해도 관계가 회복되지 않는 순간이 옵니다. 그때
는 자기고양편향에 빠져도 됩니다. 그 사람 문제로 떠넘겨 버리는
것이지요. 이런 마음가짐은 관계를 끝내는 데 용기를 줍니다. 문
제가 있는 사람과 함께할 필요가 없으니까요. 또 관계를 아름답게

끝맺지 못하더라도 좌절하지 않습니다. 내 탓이 아니니까요. 새로운 만남에도 두려움이 생기지 않습니다. 재수 없게 똥차를 탔을 뿐 다음에는 외제차를 타게 될지도 모르니까요.

상대가 매번 나를 탓하나요? 무조건 받아들일 필요는 없습니다. 한 걸음 떨어져 잘잘못을 따져보세요. 무엇보다 머리로는 알겠는데 마음으로 싸한 느낌이 온다면, 그게 맞을 겁니다. 가스라이터는 당신이 충분히 괴로울 만큼, 하지만 자신이 악역이라는 사실을 눈치채지 못할 만큼만 목을 조이니까요. 의심하세요. 그리고 의심이 확신이 될 때는 쿨하게 결정하세요. 내 잘못이 아니라 네 탓이라고, 할 만큼 했으니까 그만하겠다고!

애타게, 결코 만족스럽지는 않게

얼마 전, 유기견 한 마리가 가족이 되었습니다. 새로운 환경에 적응이 어려워서인지 며칠 시름시름 앓더니 헛구역질을 하더군요. 그러더니 정체를 알 수 없는 엄지손가락만큼 큰 이물질을 토하는 게 아니겠어요? 이물질은 열처리가 되어 눌러붙은 딱딱한 비닐 조각이었습니다.

3킬로그램도 채 되지 않는 조그마한 체구에 목구멍도 작아 제일 작은 사료 알을 넘기기도 버거워했던 아이. 쓰레기를 입에 물어도 금세 퉤 하고 뱉어버리는 아이였기에 이렇게 큰 이물질을 삼켰다는 게 믿기지 않았습니다. 아마 길에서 생활하는 동안 삼켰겠지요. 얼마나 배가 고팠으면 이런 걸 먹었을까 의문하다가 문득 욕구에 대해 생각했습니다. 평소 거들떠보지도 않던 것도 간절하게 만드는 원동력, 우리를 행동하게 만드는 그 힘의 원천에 대해서요.

과거 심리학자들은 인간을 운명론적으로 바라봤습니다. 태어나고 몇 해 동안의 경험이 한 사람의 인생을 결정한다고 보았지요. 하지만 인본주의 심리학자 에이브러햄 매슬로우Abraham Maslow는 이런 입장을 반박하며 '위계욕구이론'을 제안하였는데요. 욕구에 따라 행동하는 능동적이고 주체적인 존재가 바로 우리라는 것입니다. 그러므로 과거에 어떤 삶을 살았든 미래는 변할 수 있다는 희망을 볼 수 있었던 것이지요.

매슬로우는 우리에게 다섯 가지 기본 욕구가 있고(추후 위계욕구이론에는 몇 가지 욕구가 추가되었으나, 이 책에서는 초기의 이론을 다룹니다), 이 욕구가 서로 위계를 이룬다고 주장했습니다. 어떤 욕구는 다른 욕구보다 먼저 일어나고, 하나의 욕구가 충족될 때 다른 욕구가 발생한다는 뜻이지요.

밤길을 걷고 있습니다. 가로등 전구가 오래되었는지 껌뻑껌뻑거리고, 뒤에는 괴한처럼 얼굴을 가린 사람이 따라옵니다. '혹시 나를 해치는 건 아닐까?', '다치지 않고 빨리 집에 가고 싶다' 하는 생각이 간절합니다. 이 간절함을 안전 욕구라 부르는데요.

이 안전 욕구보다 선행하는 욕구가 있습니다. 바로 생리적 욕구이지요.

상상해 보세요. 약속을 마치고 집으로 돌아가는 길, 저녁 메뉴가 신선하지 않았는지 배 속이 꾸르륵거리며 요동치기 시작합니다. 식은땀이 흐르고 팔에 소름이 돋는 것이 '급똥'의 기미가 느껴집니다. 순간 아무 생각도 들지 않습니다. 빨리 이 똥덩어리들을 배출하고만 싶지요. 이게 바로 생리적 욕구입니다. 생리적 욕구가 올라오는 순간부터 뒤에 어떤 사람이 쫓아오는지, 가로등이 껌뻑이는지는 안중에도 없습니다. 빨리 변기에 앉기만을 바랄 뿐이지요. 생리적 욕구가 해소되기 전에 안전 욕구는 발생하지 않습니다.

그러다 기적처럼 공중화장실을 발견합니다. 거사를 치르고 나옵니다. 생리적 욕구가 해소되었습니다. 그제야 뒤에서 누가 따라오는 게 신경 쓰이기 시작합니다. 가로등 상태가 눈에 들어옵니다. 두려워지고 불안해집니다. 집으로 뛰어가기 시작합니다. 안전 욕구가 해소될 차례가 온 것입니다.

누구에게나 욕구가 있고, 욕구를 해결하지 못하면 우리는 불쾌함을 느낍니다. 이 상태에서 벗어나기 위해 적극적으로 해결 방법을 찾아 나서지요. 배가 고프면 냉장고 문을 열고, 무서우면 불을 켜고, 점수를 따야 하는 사람에게 필사적으로 잘 보입니다. 욕구는 그렇게 삶의 방향을 이끌어나갑니다. 하지만 안타깝게도 늘 올바른 방향으로 걸어가는 건 아닙니다. 욕구를 충족하는 데 급급하다 보면 잘못된 방식을 찾기도 합니다. 바다에 표류된 한 사람은 갈증을 해결한다고 소금이 녹아 있는 바닷물을 마십니다. 성공에 목이 마른 사람은 오랜 지인을 배반합니다. 길거리를 떠돌던 강아지는 먹어서는 안 되는 비닐 조각을 삼키지요.

매슬로우는 욕구가 우리를 능동적으로 만든다고 했지만, 아이러니하게도 욕구 때문에 우리가 끌려가는 순간을 만나게 됩니다. 가스라이터가 이를 놓칠 리 없지요. 욕구불만에 빠진 사람은 만만한 사냥감이 됩니다.

생리적 욕구

욕구가 충족되지 않을 때 인간은 논리적인 판단이 어려워집니다. 가스라이터는 이런 가스라이티의 심리를 이용하여 조종하지요. 가장 기초가 되는 욕구는 바로 생리적 욕구입니다. 배고픔, 목마름, 배변 욕구와 같이 본능을 채우려는 간절함입니다. 생리적 욕구가 충족되지 않으면 사람들은 어떤 행동이든 하게 됩니다. 재난 상황에서는 유통기한이 지난 통조림을 먹고, 사고 현장에서는 자신의 소변을 먹기도 하지요. 이 욕구를 가스라이터는 이용합니다.

사람을 납치하고 감금한 후 잔인하게 가스라이팅하는 범죄 영화 속 장면을 떠올리면 됩니다. 굶주리고 목마르게 합니다. 편히 잠들 수 없게 하지요. 그리고 물을 건넵니다. 음식을 건네지요. 잠을 잘 수 있게 해주고 자신만을 따르게 합니다. 비단 영화 속에서만 일어나는 일이 아닙니다.

2021년 7월, 한 여성이 스스로 목숨을 끊은 사건이 있었습니다. 유족들은 안타까운 마음에 고인의 휴대폰을 확인하다 상상을 초월하는 대화 내용을 발견합니다. 남편이 아내를 가스라이팅하고 있던 것인데요. 남편은 끊임없이 아내에게 사소한 시비를 걸었습니다. 무조건 자신이 옳다며 말끝마다 자신에게 용서를 빌라며 통제하려 들었지요. 대화 내용 가운데는 뭘 잘했다고 밥을 먹느냐며, 시킨 일이나 제대로 다 하고 밥을 먹으라는 충격적인 발언도 담겨 있었습니다.

다 큰 성인이 뭘 얼마나 잘못했기로서니 밥도 먹으면 안 되는지 살펴보니, 어이가 없어 웃음밖에 나오지 않는 상황이었습니다. 앞치마를 사라는 남편의 심부름에 아내는 앞치마를 샀는데 그 사실을 남편에게 '보고'하지 않았습니다. 그게 잘못이라는 것이었습니다. 남편은 이런 사소한 일에도 밥도 못 먹게 하고 제발 정신 좀 차리라며 끊임없이 가스라이팅해 온 것입니다. 이를 견디다 못한 아내는 스스로 목숨을 끊고야 말았습니다.

사실 극단적인 사건을 제외하고, 생리적 욕구가 가스라이팅의 수단이 되는 일은 드뭅니다. 그 대신 생리적 욕구를 대체하는 새로운 수단이 등장합니다. 바로 돈인데요. 안타깝게도 경제권을 가진 사람이 관계의 우위를 차지하는 경우가 많습니다. 그 권력이 사람을 괴롭히기도 하지요. 월급을 안 주고, 밥을 굶기거나, 생활비를 끊기도 합니다. 당장 '내' 집에서 나가라고 소리치는 사람도 있지요. 이는 생리적 욕구가 위협당하는 형태로 느껴집니다. 돈은 생리적 욕구를 채우는 필수 수단이니까요. 바람을 피우거나 폭력을 행사해도, 심지어 나를 사랑하지 않는다 해도 매달리게 됩니다. 상대의 잘못을 합리화하여 이해하려고 하거나 나의 잘못으로 돌리기도 하지요.

안전 욕구

두 번째 욕구는 안전 욕구입니다. 말 그대로 세상의 모든 사건 사고로부터 보호받고 싶은 갈망입니다. 평범한 삶을 사는 이들에게 안전 욕구는 발생하지 않습니다. 하지만 병에 걸리거나 사고를 당하고 트라우마라도 생기면 안전한 상태가 간절해지지요. 갑작스러운 자연재해가 발생했을 때도 마찬가지입니다. 이때 누군가가 나를 보호해 준다는 기대를 가진다면 어떨까요? 영웅처럼 느껴지고 의지하게 되겠지요. 흥겨운 음악이 흐르는 파티장 한가운데에 휠체어를 탄 소녀가 있습니다. 입을 헤벌리고 알록달록한 컵케이크 탑을 쳐다봅니다. 한참을 망설이던 소녀는 결심이라도 한 듯 벌떡 일어납니다. 그리고 컵케이크 하나를 집어 들지요. 손가락으로 크림을 찍어 한 입 크게 베어 무는 그 순간! 멀리서 한 여자가 괴성을 지르며 달려옵니다. 소녀의 허벅지에 커다란 주사기를 박으며 외치지요. "우리 딸은 설탕 알레르기가 있어요! 당장 응급실로 가야 해요!"

왓챠 오리지널 시리즈 〈디 액트〉는 설탕 알레르기, 하반신 장애, 소화 장애 등 셀 수 없이 많은 질병을 앓고 있는 딸 집시, 그리고 그런 딸을 지극정성으로 양육하는 엄마 디디의 감동적인 이야기인 듯 시작됩니다. 어느 날 밤, 반전이 일어납니다. 침대에서 눈을 뜬 집시는 휠체어 없이 두 다리로 벌떡 일어섭니다. 찌뿌둥하다는 듯 기지개를 한번 펴고 뚜벅뚜벅 주방으로 걸어갑니다. 냉장고를 열어 콜라를 벌컥벌컥 마시고 초콜릿을 입안 가득 털어 넣지요. 이 소녀에게 어떤 사연이 숨어 있는 걸까요?

숭고한 엄마처럼 보이는 디디에게는 어둑한 과거가 있습니다. 디디는 도둑질을 일삼던 질 나쁜 여자였지요. 디디의 실체를 알고 있던 디디의 엄마는 자신이 나서서 집시를 보살피려고 합니다. 이런 엄마의 참견에 화가 난 디디는 미움과 원망을 품기 시작합니다.

하루는 디디의 엄마가 집시를 봐주다 사소한 사고가 일어납니다. 아이들에게 으레 있을 만한 일이었지요. 하지만 디디는 과민하게 반응하고 집시를 휠체어에 태웁니다. 그리고 다시는 걷지 못하도록 합니다. 걸으면 다칠 수도 있으니 앞으로는 휠체어로 생활하라고 말이지요. 디디는 집시에게 속삭입니다. "너는 아주 연약해서 엄마 곁에만 있어야 해." 아무것도 모르는 어린 집시는 위험하다는 말에 겁을 먹고 엄마의 말을 따르기 시작하지요.

디디는 집시를 세뇌하기 시작합니다. 이를테면 이런 식이었는데요. '설탕을 먹으면 어떻게 되지? 처음에는 기침이 심하게 나. 벌레가 뒤덮인 것처럼 온몸이 간지럽다가 얼굴이 풍선처럼 부풀어 오르고 목이 막혀 숨을 못 쉬고 자기도 모르는 사이에 죽는 거야.' 이 말을 들은 집시는 공포를 느낍니다. 설탕을 입에 대지도 못하지요. 두 다리로 걸으면 사고가 난다는 생각 때문에 휠체어를 타고 다닙니다. 침샘이 없다는 디디의 거짓말로 입으로 먹지 못하고 위에 연결한 튜브를 통해 영양분만 섭취하지요. 디디는 집시와 다른 사람들의 교류 역시 차단해 버립니다. 집시를 자기만의 소유물로 생각하고 인형처럼 키우지요.

집시가 끔찍한 세뇌를 당한 이유는 무엇일까요? 안전에 대한 욕구 때문이었습니다. 디디의 구체적이고 직설적인 표현은 집시를 공포에 빠트렸습니다. 집시는 언제든 죽을지 모른다는 두려움과 이 상황에서 자신을 보호해 줄 사람이 엄마밖에 없다는 병적인 믿음을 갖게 되지요. 집시는 열여덟 살이 되는 순간까지 아무것도 할 줄 모르는, 심지어 자신의 나이도 모르는 무능한 가스라이티로 살아갑니다. 하지만 우연한 계기로 디디의 거짓말을 눈치채고 자신이 가스라이팅당했다는 사실도 깨닫습니다. 집시는 디디로부터 벗어날 방법을 찾으려 노력하지만 혼자 할 수 있는 일이 없어 좌절합니다. 결국 온라인을 통해 남자친구를 사귀고 그와 함께 엄마를 살해하지요. 이 드라마가 실화를 기반으로 제작되었다는 소식은 꽤나 씁쓸하게 다가옵니다.

소속과 사랑의 욕구

세 번째 욕구는 소속과 사랑의 욕구입니다. 사람들과 애정 어린 관계를 맺고, 그룹에 속하고 싶어 하는 욕구를 말합니다. 충분한 사랑을 받고 자란 아이는 소속과 사랑의 욕구가 충족되지만, 그렇지 않은 경우 애정을 갈구하기 위해 무리한 노력을 하는 사람이 됩니다. 문제는 사회적 기술이 서툴러 사랑받는 데 자주 실패하고, 비정상적인 관계를 통해 욕구를 충족하는 선택을 하게 된다는 것입니다.

프랑스 유명 작가이자 편집자, 그리고 영화감독이기도 한 바네사 스피링고라는 자신의 에세이 《동의》를 통해 성 착취 경험을 낱낱이 고발했는데요. 그 안에는 가슴 아픈 가정사도 포함되어 있습니다. 바네사의 부모는 사이가 좋지 않았습니다. 아버지는 바네사가 보는 앞에서 어머니를 향한 폭언을 일삼았고 어느 날 떠나버렸지요. 일찍이 아버지의 부재를 경험한 바네사는 어머니를 통해서라도 소속과 사랑의 욕구를 충족하려 합니다. 하지만 어머니는 자신의 상처를 회복하는 데 급급했습니다. 바네사를 돌보기는커녕 친구들을 불러 매일 밤 술을 마시며 파티를 열었지요. 바네사는 그렇게 방치되고 맙니다.

그런 바네사에게 처음으로 관심을 보이는 남자가 나타납니다. 어머니의 친구이자 유명 작가인 G였는데요. 자기가 두꺼비처럼 생겼다고 믿던 자존감 낮은 바네사는 남자의 관심에 기분이 좋아집니다. 거울을 보는 시간이 길어지고 자신을 제법 예쁘다고 느끼기 시작하지요.

바네사에게 G의 관심은 미끼가 됩니다. 자신을 사랑해 주는 유일한 사람이었기에 놓치고 싶지 않았던 것이지요. 정상적인 관계가 아니라는 것도, 세상에 알려지면 안 될 사이라는 사실도 알았지만 바네사는 그를 받아들입니다. 상처로 끝날 걸 알면서도 간절함은 모든 불안을 잠식시킵니다.

가스라이팅에 걸려든 이들은 소속과 사랑의 욕구가 부재 상태인 경우가 많습니다. 이 관계가 옳지 않다는 사실을 알지만 인정하려 들지 않지요. 배가 고픈 나머지 비닐봉지를 삼킨 유기견처럼 유해한 관계를 선택합니다. 그 과정에서 가스라이팅의 희생자가 되는 것이지요. 하지만 정상적인 음식을 먹지 않고는 결국에 탈이 나는 것처럼 건강한 관계를 맺지 않으면 반드시 상처를 받게 됩니다.

존중 욕구

네 번째 욕구는 존중 욕구입니다. 이는 소속과 사랑의 욕구와 닮은 듯하면서도 한 차원 더 높은 욕구입니다. 타인에게 인정받고 유능감을 느끼고 싶어 하는 욕구지요.

바네사의 주변 사람들은 어리다는 이유만으로 바네사를 무시했습니다. 학교에서는 놀림만 당했지요. 하지만 G는 바네사를 존중합니다. 존칭을 써주고 존대해 주지요. 그뿐이 아닙니다. 바네사의 글을 놓고 함께 이야기를 나누며 소녀의 꿈을 응원해 주기도 하지요. 투명인간 같던 삶에 존재감이 드리운 것입니다.

하지만 건강하지 않은 관계는 결국에 탈이 나고야 마는 법입니다. G는 바네사의 과제를 도우며 존중해 주는 척 하지만 결국에는 자신이 모든 글쓰기를 도맡아 합니다. 바네사가 스스로 과제를 마무리하는 데는 시간이 오래 걸리기 때문이었습니다. G가 완성한 과제 덕분에 바네사는 칭찬을 받지만 허무함에 빠지고 말지요. 그 칭찬은 사실 G의 몫이었으니까요. 바네사는 누구에게도 존중받지 못하던 때보다 더 공허한 순간을 맞이합니다.

존중을 받아본 적 없던 바네사의 인생에 G가 찾아와 칭찬과 격려를 해주기 시작합니다. 존중의 맛을 본 것이지요, 하지만 욕구가 충족될 만큼은 아닙니다. 오히려 바네사의 기회를 빼앗아 영광을 가로채기까지 하지요. 결국 바네사는 애걸복걸하게 됩니다. 더 인정해 달라고, 더 존중해 달라고 말입니다. 하지만 그 일은 일어나지 않지요. 가스라이터는 욕구를 맛보게만 할 뿐 결코 충족시켜 주지 않는 방식으로 상대의 마음을 사로잡습니다.

자아실현 욕구

존중 욕구가 타인에게 인정을 받는 것이라면, 자아실현 욕구는 자기 스스로를 인정해 주려는 욕구입니다. 자아실현 욕구는 자신의 잠재력을 인정하고 능력을 발휘하려는 마음인데요. 매슬로우는 인간이라면 누구나 잠재력을 가지고 있고, 이를 실현하고 싶은 마음을 가진다고 주장합니다.

소속과 사랑의 욕구, 존중 욕구, 자아실현 욕구를 연속으로 자극하여 잔인하게 가스라이팅하는 영화가 있습니다. 앞서 언급했던 〈위플래쉬〉인데요.

영화에서는 앤드류의 가족들이 모여 식사하는 장면이 나오는데요. 잘나가는 형제들과 비교당하며 그의 꿈은 무참히 무시당합니다. 평소 소속과 사랑의 욕구를 충족하며 살아오지는 못했을 것 같지요. 그런 그에게 뉴욕 최고의 학교에서 가장 유능한 교수가 다가옵니다. 가정사를 들어주고 꿈을 지지하며 격려합니다. 그 손길이 얼마나 따뜻하게 느껴졌을까요? 소속과 사랑의 욕구가 충족되는 것 같은 현장입니다. 하지만 기쁨도 잠시, 플레처는 곧 본색을 드러냅니다. 격려하는 척 들어주었던 가정사를 들먹이며 비난하고 정서적 학대를 시작하지요.

온갖 폭언과 폭행에도 앤드류는 그 자리를 버텨냅니다. 그리고 우연한 기회를 통해 메인 드러머 자리를 꿰차지요. 유명 밴드에 소속됨을 넘어서 실력을 인정받으며 존중 욕구까지 충족해 갑니다. 하지만 플레처 교수는 그의 존중 욕구를 계속해서 자극합니다. 실력만 비판하는 데 그치지 않고 입에 담지 못할 폭언을 날립니다. 드럼 박자에 맞춰 뺨을 때리는 건 약과고, 의자를 집어 던지기까지 합니다. 존중 욕구를 맛본 앤드류는 필사적으로 노력합니다. 손바닥이 터지도록 연습을 하고, 얼음물에 손을 담그는 가혹 행위를 스스로에게 가하지요. 그렇게 메인 드러머의 자리를 지켜

나갑니다.

　중요한 무대를 앞둔 어느 날, 앤드류는 교통 사고를 당합니다. 인정과 존중에 목마른 그는 그 상황에서도 연주를 하겠다고 고집을 부리지요. 이에 플레쳐는 그를 무대에서 끌어내리는데요. 꿈이 눈앞에서 좌절된 앤드류는 눈이 돌아가 그만 플레쳐를 때리고 맙니다. 이 사건을 통해 학교는 발칵 뒤집히고 플레쳐의 정서적 학대 상황을 의심하기 시작하지요. 결국 앤드류는 학교에 플레쳐를 고발해 파면당하게 만듭니다.

　얼마 후 두 사람은 우연히 마주칩니다. 플레쳐는 중요한 재즈 연주를 앞두고 있는데 드러머가 필요하다고 넌지시 말을 꺼냅니다. 연주곡은 학교에서 늘 연습하던 곡이니 걱정하지 말라는 말을 덧붙이지요. 꿈을 잃고 방황하던 앤드류는 삶의 목표를 다시 찾은 기분이 듭니다. 자아실현의 욕구가 자극된 것이지요.

　하지만 플레쳐는 앤드류가 무대에 오르는 순간 본색을 드러냅니다. 돌변한 눈빛으로 앤드류를 협박합니다. 너 때문에 학교에서 쫓겨난 걸 모를 줄 알았냐며 으름장을 놓습니다. 그리고 앤드류가 준비한 곡과 전혀 다른 곡을 지휘하기 시작합니다. 플레쳐의 목표는 앤드류가 무너지는 모습을 만천하에 공개하는 것이었지요.

　독기를 품은 앤드류는 자기 멋대로 드럼을 치기 시작합니다. 자신이 가장 잘할 수 있는 연주곡을 리드하자 밴드원들도 속수무

책으로 따라갑니다. 앤드류의 연주는 무아지경이었고 무대를 장악하는 경지에 오릅니다. 그 모습에 플레쳐마저 마음을 빼앗기고 앤드류와 하나가 되어 지휘를 합니다.

영화의 마지막 장면에서 많은 이가 환호합니다. 폭언과 학대를 이겨내고 자신의 꿈을 이룬 앤드류가 승리했다고 말이지요. 하지만 저는 이 또한 정서적 학대가 아닌가 의심해 봅니다. 결국 이 싸움의 승자는 플레쳐였으니까요. 그가 궁극적으로 원했던 바는 위대한 연주자를 양성하는 것이었습니다. 이를 위해 그는 앤드류를 끊임없이 괴롭히고 정서적으로 학대했지요. 앤드류 내면에서는 소속과 사랑의 욕구가 자극되었고, 존중 욕구가 자극되었고, 자아실현 욕구가 자극되었습니다. 결국에 그는 자아를 실현했지만 동시에 그것은 플레쳐의 목표를 실현한 것이기도 했습니다. 그는 꿈을 이루었지만 그 과정에서 너무 많은 고통과 상처를 받았다는 건 부정할 수 없는 사실이지요.

며칠 굶은 아이에게 에피타이저만 먹이면 어떻게 될까요? 입맛만 돌고 더 괴로워지겠지요. 배가 부르지 않아 음식에 대한 갈망만 커집니다. 결국 에피타이저를 준 사람에게 애걸복걸하게 되지요. 모든 욕구가 마찬가지입니다. 충족되지 않으면 더 간절해지지요. 가스라이터는 이 점을 잘 알고 있습니다. 맛만 보게 해줄 뿐 배부르게 해주지 않습니다. 갈급하고 갈구하게 만들지요. 무엇보다 자기가 아니면 충족할 수 없는 상황을 만들어갑니다. 오로지 가스라이터만 의존하게 하지요.

매슬로우의 위계욕구이론을 통해 우리가 알 수 있는 것은 무엇일까요? 욕구를 가진 사람이라면 누구나 가스라이터의 목표물이 될 수 있다는 것입니다. 다행히도 욕구를 통제하지 못하는 건 아닙니다. 자신의 욕구를 정확히 파악하고 건강한 방법으로 충족하면 되거든요. 배가 고플 때 샐러드를 든든히 먹으면 과식을 막을 수 있는 것처럼 말이지요. 우리는 스스로의 욕구를 들여다보아야 합니다. 내가 어느 욕구 단계에 머물러 있는지, 어떤 자극에 취약한지, 욕구를 충족하기 위해 사용할 수 있는 건강한 방식은 무엇인지 미리 고민해야 합니다. 그리고 알맞게 조절해야겠지요. 배가 불러 미끼를 물지 않도록 말입니다.

5

.

굿바이 가스라이팅

헛소리는 이제 그만하시죠

앞서 에세이 《동의》를 통해 바네스 스피링고라의 성 착취 경험에 대해서 이야기했는데요. 무려 쉰 살이나 먹은 남자가 열네 살짜리 소녀를 유린했습니다. 바네사가 자신을 보호할 수 없었던 가장 큰 이유는 G가 이렇게 말했기 때문입니다. 바네사가 우리의 관계를 '동의'했다고 말이지요. 왜 바네사는 아버지보다도 나이 많은 남자와의 관계에 동의했을까요?

G는 어린 여자에게만 성적 욕구를 느끼는 성도착증 환자였습니다. 목표물을 정했다 하면 작가로서의 특기인 말발로 소녀들을 정신 못 차리게 만들었지요. 하지만 설득 과정에서 그가 해온

말은 얼토당토않게 황당하며 논리적으로 말이 되지 않았습니다.

이를테면 "고대에는 어른이 젊은이를 성으로 인도하는 일이 권장됐을 뿐만 아니라 의무로 간주되었다는 걸 알아?"라고 말하며 자신과 소녀 바네사의 사랑을 정당화합니다. 유명 소설가 애드거 앨런 포가 열세 살짜리 소녀와 결혼했다는 이야기를 덧붙여 작가가 꿈인 바네사를 설득합니다. 두 사람의 관계 또한 문제가 없다는 것처럼, 아니 이상적인 모습인 것처럼 말이지요.

G는 이런 말도 합니다. "청소년의 성생활을 막는 건 사회적 억압에 속하며, 동일 연령층에 속하는 개인들 사이에서만 성생활이 이루어지게 가둬두는 건 일종의 차별이 되리라." 얼핏 듣기에 논리적입니다. '흑인은 백인과 결혼하지 마십시오.' '귀족은 노예와 결혼하지 마십시오.' 이런 말과 '십 대는 오십 대와 사랑하지 마십시오'라는 말은 비슷하게 느껴지기도 합니다. 자세히 보면 말도 안 되지만 말입니다.

R. E. 페티R. E. Petty와 J. T. 카치오포J. T. Caccioppo의 '정교화 가능성 모델elaboration likelihood model'에 따르면, 우리는 설득을 당할 때 두 가지 방식 중 하나를 선택합니다. 이 설득 방식을 경로라고 부르는데요. 첫 번째 경로는 '중심 경로'입니다. 머리를 쓰고, 메시지의 본질에 집중하는 경로이지요. 저 말이 사실인가? 충분한 근거가 있는가? 등 스스로에게 질문해 가며 옳고 그름을 판단하기에 힘

쑵니다. 중심 경로를 따라 메시지를 파고들다 보면 객관적인 판단이 가능해집니다. 올바른 결론을 내릴 가능성도 커지지요.

두 번째 경로인 '주변 경로'는 감정을 따르는 경로입니다. 메시지 내용보다는 부수적인 것에 더 관심을 기울이지요. 외모, 옷차림, 말투, 분위기, 현재 기분 같은 것으로 설득당할지 말지 결정합니다. 결정하는 데 고민을 많이 하지 않아도 되고 오랜 시간이 들지도 않아 편안합니다. 다만 그릇된 종착지에 다다르기도 하지요.

우리는 언제 중심 경로를 사용하고 언제 주변 경로를 사용할까요? 물건을 살 때를 생각해 보면 쉽습니다. 중심 경로는 중요한 의사결정을 할 때 사용됩니다. 노트북이나 휴대폰과 같이 비싸고 나에게 소중한 물건을 살 때, 에어컨이나 냉장고처럼 오랫동안 사용할 것을 고를 때는 기능과 사양, 브랜드 등을 철저하게 따져봅니다. 꼼꼼히 따져보고 후회하지 않는 선택을 합니다. 하지만 냉동 만두를 사는 경우는 어떨까요? 시식 코너를 지나가다가 우발적으로 구입하고, 판매원의 친절한 설명에 감동해 카트를 채우기도 합니다. 생각지도 못한 증정 행사에 계획에도 없던 새우 만두도 구입하고, 광고 모델이 좋아하는 아이돌 가수라 그 제품을 고르기도 합니다. 만두 맛이 어떤지, 어떤 재료가 들어 있는지 정작 중요한 것은 확인도 하지 않은 채 말이지요. 이처럼 중요하지 않은 의사결정을 할 때는 주변 경로를 사용합니다.

관계에 대해 고민할 때 어떤 경로를 사용하는 것이 현명할까요? 당연히 중심 경로입니다. 우리 삶에서 사람보다 중요한 것은 없으니까요. 상대가 나와 맞는 사람인지, 나에게 상처주고 있는 것은 아닌지, 관계를 정리해야 하는 것은 아닌지 고민해야 하는 순간이 오면 중심 경로를 따라 결정을 내려야 합니다. 하지만 아이러니하게도 인간관계에서만은 논리적 판단에 실패하곤 합니다. 마음 가는 대로 건강하지 않은 관계를 맺고 상처를 받습니다. 휩쓸리는 삶을 살기도 하지요. 주변 경로를 따라가는 것입니다

가스라이터의 말은 얼핏 들으면 맞는 말 같지만 자세히 들여다보면 개소리입니다. 워낙 유창하게 말하다 보니 주변 경로로 처리하면 합리적이고 논리 정연한 것처럼 들립니다. 하지만 정신을 바짝 차리고 중심 경로로 들면 모두가 틀린 말입니다. 그런데도 간혹 우리는 그 헛소리에 종종 놀아나지요. 왜일까요?

중심 경로를 사용하기 위해서는 엄청난 노력이 필요합니다. 반면에 주변 경로는 느낌을 따르기 때문에 큰 노력이 필요하지 않습니다. 다시 말해, 생각하는 데 사용될 에너지가 없다면 자연스럽게 주변 경로를 사용하지요. 안타까운 사실은 우리에게 생각할 에너지가 그리 넉넉하지 않다는 건데요. 여기에 더해 쓸데없는 일까지 신경을 쓰다보면 그마저도 고갈되고 맙니다.

바네사와 G의 관계처럼 비정상적인 관계는 신경 쓸 일이 많아집니다. 몰래 만날 장소를 정해야 하고, 비밀 연락 수단을 찾아

야 하고, 남들의 시선을 의식하며 변명거리를 만들어내야 합니다. 온종일 머리를 굴리게 되지요. 그러다보니 옳고 그름을 따져야 할 상황에서 사용할 에너지가 부족해집니다. 그때 기분, 분위기, 말투, 당장의 욕구 같은 부수적인 것들로 상황을 판단하게 되지요.

가스라이티는 대부분 관계 자체에 대해서 고민을 합니다. '이 관계가 올바른 것일까?' 이런 고민을 하고 있다는 것 자체가 이미 틀린 길을 가고 있다는 사실을 방증합니다. 하지만 잘못되었다는 사실을 인정하고 싶지는 않지요. 정상적인 관계에서는 할 필요가 없는 고민을 하고, 그 생각을 멈추기 위해 합리화하고, 자신의 행복을 정당화하기 위해 노력하느라 에너지가 모두 소진됩니다. 객관적인 판단이 필요한 시점에 주변 경로를 사용하는 실수를 범하지요. 상대방의 언변에 포장된 큰 오류를 깨닫지 못하고 말입니다.

문서 작업을 마무리할 때는 오타를 확인합니다. 마음이 편안한 상태에서는 오타를 잘 찾아내는데, 정신이 없을 때는 눈에 들어오지 않습니다. 치명적인 오점을 모르고 지나치지요. 가스라이터가 하는 말은 '멸린 말치', '기능 재부'입니다. 얼핏 보면 맞는 말 같은데 자세히 보면 오류이지요. 그들의 말을 온전히 검열해 내는 건 에너지가 충분할 때 가능한 일입니다. 우리 인생은 우리 각자의 이야기가 담긴 글이고 책입니다. 그 책에 치명적인 오류가 남지 않도록 에너지를 아끼세요. 틀렸다고 생각될 때 멈추고 더 나아가지 마세요. 그럼 보입니다. 가스라이터의 헛소리가.

벽에 붙은 파리가 되어 윙윙윙

데이트 폭력이라는 단어가 있습니다. 데이트 그리고 폭력. 이토록 공존하기 어려운 두 단어가 또 있을까요? 데이트 폭력이란 서로 사랑하는 관계에서 이루어지는 모든 범죄를 말합니다. 폭력은 무엇이든 흉터를 남기지만 그중에서도 최악은 데이트 폭력이 아닐까요? 나쁜 놈에게 받는 피해는 똥 밟았다고 욕하고 넘어간다 쳐도, 사랑하는 사람에게 받은 상처는 받아들이기가 매우 어렵기 때문입니다.

데이트 폭력에서 가스라이팅이 사용된다는 것은 이미 널리 알려져 있는 사실입니다. 가해자가 자신의 행위를 정당화하며, 피해자가 그런 대우를 받을 만했다고 세뇌하기 때문입니다. 피해자는 사랑이라는 전제하에 상대의 말을 신뢰하려고 노력하고요. 사랑이라는 감정 아래에서는 객관적인 판단이 어려워집니다. 때로는 판단하지 않으려 애써 노력하기도 하지요.

JTBC 드라마 〈로스쿨〉에서는 데이트 폭력에 희생당하는 대학생 전예슬이 등장합니다. 예슬에게는 결혼까지 약속한 남자친구 영창이 있었는데요. 예슬이 로스쿨에 들어간 이후로 점점 폭력적인 성향을 드러내기 시작합니다. 영창은 가스라이터의 전형적인 특기인 개소리를 내뱉습니다. 예슬의 기숙사 방에 카메라를 숨겨두고 음흉하게 감시하다가 들통나자 예슬을 지키려 그랬다며 오히려 화를 내지요. 예슬이 자신의 뜻대로 따라와 주지 않을 때마다 발을 지르밟고 이를 악물며 설득합니다. 입에서는 다독이는 말이 나오지만 그 속에는 날카로운 가시가 숨어 있지요. 사랑이라는 가면을 쓴 명백한 폭력이었습니다.

데이트 폭력이 지속되는 동안 예슬의 태도는 이해하기가 어렵습니다. 폭력을 당하고도 여전히 휴대폰에 '내 남푠♡'이라고 저장해 놓고, 협박 문자를 받고도 '웅'이 아닌 '웅'이라고 대답하는 등 이해할 수 없는 반응을 보이며 그와의 관계를 유지합니다.

그러던 어느날 예슬은 자신과의 성관계 영상을 유포하려던 남자친구와 몸싸움을 벌이게 되었고, 그 과정에서 머리를 다친 영창은 하반신 장애를 얻게 됩니다. 영창과 그의 아버지는 예슬을 최고 수준으로 벌하기 위해 수단과 방법을 가리지 않지요.

예슬의 로스쿨 친구들과 교수들은 자기 일처럼 나서서 예슬의 무고를 증명하려고 노력합니다. 그런데 정작 예슬은 바보 같은 모습만 보입니다. 사랑하는 사람이 저 지경이 되었는데 내가 무슨 재판 준비를 하냐고 괴로워합니다. 자기 때문이라고, 자신이 영창을 시렇게 만들었다며 변론을 포기하려는 무기력한 모습까지 보이지요. 한때 스토커를 법적으로 처벌한 경험까지 있던, 로스쿨에 합격할 만큼 똑똑한 예슬인데 왜 이렇게 바보처럼 행동하고 있었던 걸까요?

예슬과 영창은 핑크빛 미래를 꿈꾸던 연인 사이였습니다. 그들의 상상 속에는 함께 로스쿨을 다니는 장면도 포함되어 있었지요. 하지만 안타깝게도 예슬만 합격을 하는데요. 그 후로 영창은 자존감이 무너지고 피해 의식을 가지기 시작합니다. 로스쿨에 가더니 사람이 변했다고 예슬에게 비아냥거리지요. 로스쿨 동기들이 예슬을 보호해 주려 하자 자기보다 잘난 남자에게 한눈을 판다며 예슬을 의심하고 몰아세웁니다. 이런 그의 태도에도 예슬은 두려움보다 부채감을 느낍니다. 혼자 합격한 자신이 죄인처럼 느껴지고 그의 폭력성을 이해하려고 합니다. 어떤 모진 말과 난폭한 행동을 해도 충분히 그럴 수 있다고 인정해 주고, 심지어 그의 말처럼 자신이 틀린 건 아닌지 의심하지요.

사람들의 지지에도 예슬은 재판에서 이기려는 의지를 보이지 못했고, 결국 예슬을 변호하던 양종훈 교수마저 변호를 포기하겠다고 선언합니다. 재판 중에 말입니다. 어찌나 답답했으면 재판 도중에 변호를 포기했을까요. 우리도 그럴 때가 있습니다. 아무리 도와주려 해도 도움을 받지 않으려는 답답한 누군가를 포기하고 싶을 때 말입니다.

　　하지만 양 교수의 의도는 포기가 아니었습니다. 자신은 여기까지 할 테니 이제 예슬에게 스스로를 변호하라고 지시했지요. 순식간에 재판장은 강의실로 돌변합니다. 그는 이 사건을 강의 시간에 다루는 단순한 사례 중 하나인 것처럼 치부해 버립니다. 강의하듯 질문 세례를 던지지요. "이 사건의 쟁점은?" 양 교수의 돌발 행동에 예슬은 당황하며 자신을 변호하기 시작합니다. "저는⋯ 오빠는⋯" 그러자 양 교수는 정색하며 '전 모 양', '고 모 군'으로 표현을 수정합니다. 눈물을 흘리며 감정에 젖어 있던 예슬은 정신을 번쩍 차리고 모범생이 되어 변론을 시작합니다. "이 사건은 불법 성관계 영상을 유포하려던 남자친구를 막으려다가 상해를 입힌 사건으로, 전 모 양의 정당방위를 주장하는 바⋯"라고 또박또박 외치며 말이지요. 바보 같던 피해자가 똑똑한 로스쿨생으로 돌아서는 순간이었습니다.

　　예슬이 눈물을 닦고 재판을 진행할 수 있던 이유는 무엇일까요? '저'라는 주어가 '전 모 양'으로 바뀌었기 때문입니다. 우리는 남 일에 대해 참 쉽게 조언합니다. 감정으로부터 자유로우니까요. 양 교수는 바로 이 점을 간파한 것입니다. 예슬이 이 사건을 자신의 문제로 보지 않고 판례 중 하나로 보도록 상황을 뒤집어 버린 것이지요.

미국의 심리학자 오즈렘 에이덕Ozlem Ayduk과 이선 크로스Ethan Kross는 사람들에게 스트레스 상황을 떠올리게 했습니다. 그러자 심장이 두근거리고 혈압이 올라가는 등 신체 반응이 나타나기 시작했습니다. 이미 지나간 일인데도 말입니다. 그래서 이번에는 제3자의 시선으로 그 사건을 상상해 보도록 했습니다. 그러자 놀랍게도 생리적 반응은 나타나지 않았습니다. 내 일을 남 일 보듯 하니 더 이상 감정적으로 반응하지 않게 된 것이지요. 문제는 현실에서 내 일을 남 일처럼 보는 것 자체가 어렵다는 점입니다. 그래서 생겨난 것이 '벽에 붙은 파리 효과Fly-on-the-wall effect'입니다.

자, 여기에 연인에게 폭행을 당하는 '나'가 있습니다. 이때 나의 눈에는 나를 한 대 치려고 올리는 손과 경멸로 가득 찬 눈빛이 보입니다. 공격당하는 나는 자연스럽게 감정을 느낍니다. 아프고 고통스럽지요. 감정은 이성보다 빠르게 일하기 때문에 문제의 원인을 파악하고 해결 방법을 찾는 데 방해가 됩니다. 그럼! 벽에 붙은 파리가 되었다고 상상해 봅시다. 나는 지금 벽에 붙어서 방에 있는 사람들을 구경하고 있습니다. 어어? 저기 한 사람이 다른 사람을 때리는 모습이 보입니다. '에헤이, 사람을 때리면 안 되지!' '왜 맞고만 있지? 피해야지!' '박차고 나가서 경찰에게 도움을 청해야지! 뭐하고 있는 거야, 답답하게!' 방법이 드디어 보입니다. 아프고 화가 나는 대신 말이지요.

벽에 붙은 파리가 되었다는 상상을 하면 심리적으로 거리를 둘 수 있습니다. 내 일을 남 일처럼 보게 됩니다. 감정이 앞서지 않아 상황을 객관적으로 볼 수 있고 이성적으로 해결 방법을 찾을 수 있습니다. 드라마를 보면서 훈수를 놓듯이 쉽게 답을 내릴 수 있습니다. 예슬은 벽에 붙은 파리가 되었습니다. 희생자 전예슬이 아니라, 전 모 양을 변호하는 로스쿨 학생이 되었습니다. 그러자 문제의 본질이 보이기 시작합니다. 자신이 당해온 폭력이 눈에 들어오고 미안함에 가려진 가스라이팅의 실체가 보입니다. 전 모 양을 변호하던 예슬은 이제 압니다. 자신의 잘못이 아니었다는 사실을요. 벽에 붙은 파리는 말할 수 있습니다. 윙윙! 저 인간 아주 나쁜 인간이다! 윙윙윙.

이제는 마침표를 찍어야 할 때

우리는 마음에 품은 행동을 합니다. 하지만 행동과 마음 사이에 괴리감이 생기는 날도 있는데요. 하기 싫은 일을 해야 하는 순간이나, 원하는 일을 참아야 할 때 그렇지요. 그럴 때 우리는 어떤 선택을 할까요? 보통은 마음에 행동을 맞출 거라고 믿습니다. 하기 싫은 일은 미루고, 원하는 일은 한다고 말이지요. 마음이 더 강력해 보이니까요. 하지만 반대의 경우가 더 많습니다. 행동에 마음을 끼워 맞추는 겁니다.

사회심리학자 레온 페스팅거Leon Festinger는 이런 심리를 설명하기 위해 '인지부조화cognitive dissonance'라는 개념을 제안했습니다.

사람들은 태도와 행동이 일관되기를 바랍니다. 착하게 굴고 싶으면 남을 돕고, 건강을 원하면 운동을 하는 것처럼 말이지요. 하지만 그러지 못할 때가 생기는데요. 이때 불편한 마음이 생깁니다. '왜 나는 신념에 따라 행동하지 않지?', '내 생각과 다른 현실에 처해 있지?' 하고 말입니다. 이 불쾌한 느낌을 인지부조화라고 부릅니다.

페스팅거는 인지부조화와 관련한 흥미로운 실험을 진행했습니다. 실험 참여자를 실험실에 가두고 아주 지루한 과제를 시켰지요. 그리고 과제를 마친 참여자에게 부탁을 하나 했습니다. 대기실에서 기다리는 사람들에게 실험이 아주 재미있다고 말해달라고 말입니다. 거짓말을 시키는 것과 다름없었지요. 과제는 아주 지루했으니까요. 실험이 모두 끝나고 참여자들은 무작위로 나뉘어 각자 다른 금액의 보상을 받았습니다. 어떤 참여자들은 1달러를 받았고, 20달러를 받은 참여자도 있었지요. 진짜 실험이 종료되었습니다.

이후, 이 실험 과제가 진심으로 재미있었는지에 대해 추가적인 질문을 했는데요. 자, 여기서 문제가 나갑니다. 20달러를 받은 사람들과 1달러를 받은 사람들이 있습니다. 어떤 사람들이 더 재미있었다고 응답했을까요? 당연히 20달러를 받은 참여자겠지요? 돈을 많이 받으면 더 재미있겠지! 이 생각이 먼저 들 테니까요. 하지만 결과는 반대였습니다. 1달러를 받은 사람들이 더 재미있었다고 응답했습니다. 왜일까요?

20달러를 받은 사람들의 경우 대가를 충분히 받았습니다. 거짓말을 한 것에 대한 대가를 받은 것이지요. 그러니 솔직히 실험이 지루했다고 인정해도 큰 문제가 없습니다. 반면에 1달러를 받은 사람들은 마음이 묵직합니다. 고작 1달러를 받으려고 거짓말을 했다는 사실을 인정하고 싶지 않습니다. '내가 고작 1달러 받겠다고 거짓말을 했다고! 그럴 리가 없어!' 그래서 자신은 거짓말하지 않았나고, 실험은 진짜 재미있었다고 '정신 승리'를 합니다. 행동에 맞춰 태도를 바꾼 것이지요.

실제로 주변에서는 실험 상황과 같은 일이 일어납니다. 돈을 많이 버는 직업을 가진 사람들이 자신의 일에 만족할까요? '돈이나 이 정도 주니까 버틴다!' 하고 솔직한 자신의 마음을 토로합니다. 하지만 돈을 조금밖에 못 버는 사람들은 의미를 부여하기 시작합니다. '내가 비록 돈은 벌지 못하지만 좋은 경험이 될 거야.' '돈 때문이 아니라 꿈 때문에 이곳에 있는 거야.' 일을 그만둘 수는 없으니까 일을 해야 하는 의미를 찾기 시작하는 것이지요.

태도와 행동이 일관되지 않을 때 마음은 불편해집니다. 둘을 통일해야 편안해지지요. 결국 행동이나 태도를 바꿔야 하는데, 둘중에 바꾸기 쉬운 건 무엇일까요? 정답은 태도, 즉 마음가짐입니다. 행동은 실행하기가 어렵고 이미 저질러버렸다면 돌이킬 수도 없으니까요.

　가스라이티는 문제를 직감하고도 못 본 척할 때가 많습니다. 딜레마에 빠지기 때문입니다. 이미 상대와 함께하고 있는데(행동) 상대를 미워한다면(태도) 인지부조화에 빠집니다. 관계를 계속할 때 받을 상처와 당장 정리했을 때의 아픔을 끊임없이 저울질해 봐도 답이 나오지 않습니다. 하지만 함께 보낸 시간은 돌이킬 수 없다는 사실을 압니다. 이별했을 때 받을 고통이 얼마나 클지도 충분히 예상됩니다. 결국 이별보다 정신 승리를 선택합니다. 행동을 돌이키기보다 태도를 바꾸는 것이지요. 계속 만나도 괜찮은 그럴싸한 근거를 찾기 시작합니다. 과연 현명한 선택일까요?

　결혼 전 상대의 치명적인 단점을 발견했을 때, 지인들은 조상이 도왔다는 격려의 말을 던집니다. 단순한 위로가 아닙니다. 이혼보다 파혼이 간단하고 후폭풍도 적기 때문입니다. 하지만 당사자는 이 사실을 간과합니다. 문제를 묵인하고 결혼을 감행하지요. 왜일까요? 행동으로 옮기느니 마음을 바꾸는 게 편하니까요. 이미 상견례도 했는데, 청첩장도 돌렸는데, 친구들에게는 뭐라고 말하지, 손가락질당하기는 창피한데 등등. 행동으로 옮길 때 닥칠 고통이 너무나 크게 느껴집니다. 그래서 판단을 유보하는 걸로 타협합니다. 나중에 올 일은 어떻게든 버틸 수 있으리라고 믿습니다. 나중이 되면 정말 나아질까요?

스무 살 때 처음 사랑니가 났습니다. 발치하면 그만이지만 겁이 났습니다. 그래서 계속해서 버티다 잇몸이 퉁퉁 부으면 그제야 치과에 갔습니다. 염증이 있을 때는 발치할 수 없다는 사실을 알았거든요. 그렇게 6년을 미련하게 버텼습니다. 그러던 어느 날이었습니다. 그날도 염증이 심해져 약이나 받겠다는 심산으로 치과에 갔습니다. 하지만 의사 선생님은 날벼락을 내렸지요. "오늘 뽑읍시다." 염증이 있는데 어떻게 뽑느냐며 격렬하게 저항해 보았지만 의사 선생님도 그날만큼은 단호했습니다. 결국 그날은 저를 괴롭히던 사랑니와 이별하는 날이 되었습니다. 발치의 고통이 두려웠던 저는 6년간 결정을 유보하며 버텨왔습니다. 그런데 이게 웬걸, 발치는 생각처럼 아프지 않았습니다. 앓던 이 뽑는 기분이라는 상투적인 표현이 시처럼 다가왔습니다. 시원하고 개운하고 달콤하기까지 했습니다.

당장의 결단이 두렵다고 자잘한 아픔을 버티며 살아가는 어리석은 선택을 할 때가 있습니다. 하지만 고통은 끝끝내 지나갑니다. 관계의 문제는 특히나 그렇지요. 관계를 마무리 지을 때 우리는 비겁한 모습을 보입니다. 사랑니를 뽑지 않고 버티는 저처럼 말이지요. 헤어지지 못하는 남자와 떠나가지 못하는 여자가 되어 질질 끌면서 오늘의 아픔을 버텨냅니다. 끝내야 할 이유가 분명한데도, 이별의 순간이 두려워 눈을 가리고 살아갑니다. 행동하기보다 마음을 바꿔 먹지요. '아니야, 잘 될 거야, 괜찮아질 거야.' 하지

만 근거 없는 긍정은 부정보다도 나쁩니다. 내 영혼을 더욱 갉아
먹지요.

　우리는 어릴 적부터 포기하지 않고 꾸준히 나아가는 게 미덕
인 양 배워왔습니다. 한결같은 사람, 나무 같은 사람이라야 멋지
다고 칭찬받았습니다. 하지만 그것이 정답이 아닐 때가 있습니
다. 점점 커지는 상처의 늪에서 빠져나가기 위해 어떤 선택을 해
야 할까요? 끊어내는 연습을 해야 합니다. 돌아서는 용기를 내야
하지요. 이 길이 아니라면 여태까지의 나의 수고와 노력을 아까워
하지 않고 내려놓을 줄도 알아야 합니다.
　가스라이터는 아주 튼튼한 다리를 시작으로 당신을 부를 것
입니다. 하지만 그 다리를 걷다보면 처음과 다른 상황을 맞닥뜨리
게 됩니다. 점점 길은 좁아지고, 허물어지고, 금이 가고, 흔들립니
다. 당신은 한 방향으로 계속 걷고 있었습니다. 다시 돌아가기에
는 너무 먼 길을 온 것 같습니다. 가던 길을 계속 걷는 게 가장 쉽
고 편해 보입니다. 그래서 가야 할 이유를 애써 찾아내지요. 하지
만 당신은 이미 알고 있습니다. 그 길의 끝이 얼마나 위험한지 말
이지요. 결국에는 낭떠러지라는 것을 말이지요. 어떤 선택을 하시
겠습니까? 지금이라도 뒤로 돌아가겠습니까? 아니면 결국에 허물
어질 다리의 끝을 향하겠습니까?

다정한 고슴도치의 사회적 거리 두기

 김이설 작가의 소설《우리의 정류장과 필사의 밤》속에서 '나'
는 동생에게 반찬을 챙겨주러 갔다가, 엉망이 된 집에서 멍투성이
가 되어 울고 있는 동생을 마주칩니다. 그 길로 동생과 조카들을
챙겨 친정으로 데려오지요. 그게 시작이었습니다. 나의 삶이 사라
진 것은. 나는 동생이 하루빨리 지옥 같은 삶에서 벗어나 새 출발
을 하기를 원했고, 조카를 돌보겠다고 자청합니다. 하지만 현실은
녹록지 않았습니다. 마음은 진심이었지만 몸은 고되었지요.

 시인을 꿈꾸던 나는 매일 밤 잔잔하게 필사를 하던 시간도 잃
어버립니다. 사랑하는 사람에게도 이별을 통보하지요. 한가하게

사랑할 시간은 없다고 생각하거든요.

하지만 새 출발을 시작한 동생은 어느 날부터 화장이 진해지고, 향수 냄새를 강하게 풍기고, 귀가 시간이 늦어집니다. 왼쪽 네 번째 손가락에는 못 보던 반지가 끼워져 있습니다. 나는 묘한 기분을 느낍니다. 동생이 진심으로 행복하기를 바라지만 한편에 드는 서운함을 말이지요.

하루는 두통 때문에 진통제를 입에 털어놓는 나에게 엄마가 잔소리를 합니다. 약을 자주 먹으면 내성이 생긴다고 말이지요. 해결책이 있는데 왜 참아야 하냐고 대꾸하는 나에게 엄마는 어떻게 사람이 자기 하고 싶은 대로만 하고 사냐고 화를 냅니다. 그 말이 얼마나 어이없었을까요. 나는 "한 번만이라도 좋으니 제발 내 마음대로 살아봤으면 좋겠네"라며 신세를 한탄합니다. 그런 나에게 어머니는 말하지요. "누가 살지 말래?"

구조적 가족 치료structural family therapy를 제안한 살바도르 미누친Salvador Minuchin은 가족이 서로를 허용할지 말지 결정하는 범위를 '경계선'이라고 부릅니다. 건강하게 기능하지 못하는 관계는 이 경계선에 문제가 있다는 것인데요. 경계선이 지나치게 모호한 가족이 있습니다. 내 삶의 선을 아무리 침범해도 적극 허용합니다. '어서 와, 네 꺼 내 꺼 없이 우리는 하나야!' 하는 것이지요. '너'와 '나' 없이 '우리'만 존재하는 관계가 형성됩니다. 서로에게 지나치게 밀착하고 필요 이상으로 관여합니다. 상대의 책임을 떠안기도 하지요.

경계선을 모호하게 설정하는 사람은 지나치게 공감합니다. 그 사람이 처한 삶을 나의 삶처럼 여기고, 상대의 고통에 자기가 더 아파합니다. 어떤 일을 결정할 때도 그 기준을 상대에 두고 상대가 내 삶에 스며드는 것을 허용합니다. 무리한 요구에도 거절을 어려워하고, 거절하는 순간 오히려 죄책감을 느끼지요. 이런 삶이 익숙해지면 희생과 배려를 강요당합니다. 애쓰면서도 그 노력을 인정받지 못하지요. 결국 서운한 마음을 품다가 그 마음을 품은 자신이 미워져 또다시 미안한 마음을 가집니다.

어릴 때부터 애늙은이 모습을 보이는 아이가 있습니다. 부부가 서로 갈등하면 서로에게 받지 못한 애정을 자녀에게 갈구하고, 보살피기보다 오히려 위로받기를 바라지요. 자녀에게 배우자 역할을 기대합니다. 부모의 무책임과 무능은 자식에게 부담이 되고 자녀 스스로 가장의 역할을 하게 만듭니다. 자식이 부모의 모습을 대신한 부모화parentification 현상이 나타나는 것입니다.

부모화가 된 아이들은 성장해서도 그 역할을 놓지 못합니다. 부모를 외롭게 하지 않으려 꿈을 포기하거나 도전할 기회를 놓아버립니다. 자신의 시간 대부분을 가족을 위해 희생하고, 결혼이나 독립을 포기하기도 합니다. 부모가 대놓고 요구한 건 아니지만 자식은 그 상황에 몰립니다. 아무도 시키지 않았지만 모두가 시킨 일이지요. 나중에 힘에 겨워 불평이라도 하면 이 소리를 듣지요. "누가 그렇게 살래?"

이타적인 삶을 사는 것은 중요합니다. 더불어 사는 세상에서 베풂과 희생, 양보는 필수지요. 이 모든 선택이 진심으로 이루어진다면 상관없습니다. 부담감, 의무감 그리고 죄책감 때문에 하게 된다는 것이 문제지요. 선함에는 선행되어야 할 게 있습니다. 먼저 나를 지키는 일입니다. 나부터 챙기는 것은 나쁜 일이 아닙니다. 당연한 일이지요. 가장 중요한 것은 '나'입니다.

고속도로 휴게소에서 기타를 치며 모금하는 무명 가수를 본 적이 있습니다. 그 사람의 말이 재치 있어서 모금함에 돈을 넣고 말았는데요. 하는 말인즉슨 이랬습니다. "나눠주신 수익의 일부는 가난한 제 생활비로 사용하겠습니다." 그 진솔함이 매력으로 느껴졌습니다. 결코 속물처럼 보이지 않았지요. 수익의 일부를 나를 위해 쓰겠다고 말하는 것처럼, 내 인생을 나를 위해 사는 것은 결코 잘못된 일이 아닙니다. 나를 먼저 챙기고 내가 행복해야 합니다. 행복해질 권리, 나로 살아갈 자격을 스스로 놓아서는 안 됩니다.

가족 관계에서 가스라이터가 자주 하는 표현이 있습니다. '너는 우리 집안의 기둥이야.' '너 아니면 안 되는 것 알지? 너만 믿는

다.' 이 말은 얼핏 들으면 칭찬과 격려처럼 보입니다. 하지만 수동
적 협박이 되기도 합니다. 그 역할을 해야 한다는 책임감과 하지
않았을 때 죄책감을 동시에 주기 때문입니다. 관계의 경계선을 모
호하게 만듭니다. 개인의 정체성보다 공동체의 정체성을 우선하
게 만들지요. 중요한 역할을 부여받음으로써 가장 중요한 나 자신
이 뒤로 밀려납니다. 내 삶을 선택하고 싶어도 맡은 역할이 먼저
라서 포기하고 말지요.

　도움과 책임을 구분해야 합니다. 우리의 역할은 돕는 것입니
다. 책임지는 것이 아니고요. 타인의 불행을 짊어지지 마세요. 상
대방의 삶은 그의 몫으로 내버려 두어야 합니다. 아무리 가까운
사람이고 소중한 사람이어도 말입니다. 아픔은 나누면 반이 된다
고 하지만 어느 순간 상대의 짐을 혼자 짊어진 채로, 자유로워진
그 사람을 바라보고 있을지도 모릅니다.

　독일의 철학자 쇼펜하우어의 유명한 우화가 있습니다. 한겨
울, 추위에 떨고 있는 고슴도치들이 있었습니다. 고슴도치들은 추
위를 이겨내려고 서로에게 다가갔다가 가시에 찔렸습니다. 이내
멀어졌지요. 하지만 너무 추운 나머지 다시 다가가고 따가운 나머
지 다시 거리를 두었습니다. 그렇게 그들은 가까워지고 멀어지기
를 반복하다가 적당한 거리를 유지하는 법을 배우게 되었다고 합
니다. 서로를 찌르지 않으면서 온기를 나눌 수 있는 딱 그 정도의

거리를 말이지요.

하지만 저는 이 상황이 잘 그려지지 않는데요. 고슴도치가 항상 가시를 세우지는 않기 때문입니다. 반려동물로 고슴도치를 키워본 사람은 압니다. 보호자와 교감을 하고 애착을 형성하면 그들은 가시를 눕히고 보호자의 손길을 허용합니다. 쓰다듬고 손에 올려도 다치지 않지요. 쇼펜하우어의 우화 속 고슴도치들은 교감하지 않았던 모양입니다. 가시를 눕히지 않으면서 바라는 것만 얻어가려고 서로에게 접근한 것이지요.

가스라이팅 관계를 보고 있으면 고슴도치가 떠오릅니다. 한쪽은 가시를 세운 채 상대의 온기를 얻으려고 접근합니다. 다른 한쪽은 상대를 허용하기 위해 가시를 눕히지요. 가스라이터는 상대에게 상처를 주면서 원하는 것을 요구합니다. 가스라이티는 무방비하게 가시에 노출되지요. 관계 안에서 적당한 거리감을 두지 않을 때, 명확한 경계선을 긋지 않을 때 우리는 가시를 눕힌 고슴도치가 됩니다. 가시를 세운 채 다가오는 고슴도치에게 하염없이 찔리지요. 적당한 거리를 두어야 합니다. 그래야 관계의 주도권도, 관계를 유지할지 말지에 대한 결정권도 가질 수 있습니다.

《우리의 정류장과 필사의 밤》의 주인공 '나'는 결국 가족들과 거리를 두기로 결심합니다. 동생에게 아이를 맡으라고 하고 혼자 살겠다고 합니다. 어머니는 어이없어 하며 비난하지요. 여기 희생하지 않으며 사는 사람이 어디 있느냐고, 이기적이라고 말이지요. 하지만 나는 귀를 닫고 자신의 삶을 지키기로 결정합니다.

이제 동생은 아이들을 돌보기 시작합니다. 일을 줄이고 아이들과 더 많은 시간을 보냅니다. 손에서 반지가 사라지고 조금 마르기는 했지만 견딜 만해 보입니다. 내가 경계선을 긋고 거리를 두자 비로소 그들도 본인의 역할을 감당하기 시작한 것이지요. 책임을 다하고 각자의 삶을 살아가는 것입니다.

나는 이렇게 고백합니다. "절대 돌아가지 않겠다는 다짐은 하지 않았다. 언제든지 다시 돌아갈 수 있다는 생각을 버린 적도 없다. 그러나 지금은 잠시만이라도 나는 나로 살고 싶었다." 영영 가족을 버린 것도, 영원히 떠나버린 것도 아니었습니다. 그저 숨 쉴 수 있는 시간과 공간이 당장에 필요했던 겁니다. 나로서 살아가는 순간이 필요했던 겁니다. 내가 있어야 우리도 있을 수 있다는 사실을 알게 되었으니까요.

모든 부분에서 착한 일을 하려는 사람은 그렇지 않은 다수 사이에서 파멸하기 마련입니다. 그러므로 군주가 자신의 지위를 유지하고 싶다면 착하게 굴지 않는 법을 배워야 하며 필요에 따라 그렇게 해야 합니다.

마키아벨리의 《군주론》에 나오는 유명한 구절입니다. 군주는 모든 상황에서 모든 사람에게 착할 필요가 없다고 합니다. 착하지 않은 사람들로부터 파멸당할 수 있기 때문이지요. 착한 사람은 넘나들기 쉬운 경계선을 가진 사람이 됩니다. 이용당하고 상처받는 사람이 됩니다. 자신과 닮은 사람을 만나 행복하게 살 수도 있지만 그렇지 않은 사람을 만나 착취될 가능성이 더 큽니다.

우리는 착하게 살기보다 선을 지켜 살기를 선택해야 합니다. 할 수 있는 만큼만 하는 것을 결정할 수 있어야 하지요. 그것이야말로 나에 대한 선善입니다. 나는 내 삶의 군주입니다. '나'라는 국가를 지키는 것은 나밖에 할 수 없는 일입니다.

이상한 건 내가 아니라 당신이에요

대학원을 다닐 때, 나이 많은 선배가 찾아와 달콤한 제안을 건넸습니다. 자기가 출강하는 학교에서 특강을 해보지 않겠냐는 것이었습니다. 학비와 생활비 명목으로 돈이 필요했던 저는 묻지도 따지지도 않고 수락을 했지요. 몇 주간의 강의 준비를 끝마치고 드디어 강의 전날 밤, 갑작스러운 선배의 연락을 받았습니다. 강연료를 받지 않는 게 어떻겠냐는 것이었습니다. 공식적인 행사가 아니어서 학생들이 십시일반 돈을 모아 강연료를 주는 건데, 그걸 받으면 제 이미지에 타격이 있을 것 같다면서요. 제가 꼭 원한다면 받아도 괜찮지만 돈 밝히는 사람으로 보일까 봐 걱정되어서 하는 말이라고요. 후배들 생각하는 셈치고 강의해 주면 나중에 정식 강의도 들어오지 않겠냐고요.

난감했습니다. 강의를 하지 않겠다고 말하고 싶었지요. 하지만 이런 생각을 하면 할수록 돈이나 밝히는 속물이 되는 기분이 들었습니다. 선배의 걱정처럼 말입니다. 결국 눈 딱 감고 강의를 해야겠다고 생각했습니다. 하지만 이내 깨달았지요. 강의를 하지 말았어야 했다는 것을요. 의지할 데가 없던 학생들은 그날 이후로도 밤낮으로 제게 문자와 전화, 메일을 해댔고 저의 재능 기부는 몇 주간 계속되었던 것입니다.

알고 보니 선배는 상습범이었습니다. 자신이 일하는 곳마다 후배를 연결해 일을 시키면서 자신의 지위를 만들어가고 있었습니다. 처음에는 대가를 지불할 것처럼 소개해 준 다음 결정적인 순간에 설득해서 무보수나 적은 보수로 노동력을 착취했지요. 인맥이니 이미지니 걱정하는 척, 생각해 주는 척하면서 말이지요. 후배들은 거절하지 못하고 그 일을 하고 있었던 겁니다.

거절은 나쁜 게 아닙니다. 하지만 우리는 거절을 하는 나 자신이 나쁜 사람이 된 것 같은 착각에 빠집니다. 가스라이터는 이 심리를 교묘히 이용하지요. 걱정해 주는 척 포장하면서 거절하기 어려운 상황을 만듭니다. 그 사람의 말은 나를 위하고 있는데 아이러니하게도 내가 당하는 꼴로 끝나고 말지요. 그래서 우리는 관점을 전환해야 합니다. 거절을 하기 위한 새로운 관점!

먼저 주는 사람과 받는 사람의 역할이 정해져 있지 않은지 확인해 보아야 합니다. 가스라이팅 관계에서는 서로가 이득을 주고받지 않습니다. 한 사람이 일방적으로 요구합니다. 가스라이터는 받는 데 익숙한 사람이기 때문이지요. 가스라이터는 더 많은 것을 요구하고 가스라이티는 더 주지 못해 미안한 마음을 가집니다. 균형이 맞지 않는 관계지요. 이런 기울어진 관세 속에서 가스라이터는 살못된 계산법으로 상대방에게 요구하는데, 이를 잘 파악하는 일이 중요합니다.

한 학생이 엄마에게 이런 투정을 부렸답니다. "엄마! 옷 사줘! 노트북 사줘! 비싼 스마트폰 사줘! 내 친구네 엄마는 다 해준단 말이야!" 그랬더니 엄마는 이렇게 응수했지요. "서울대 가줘! 의대 가줘! 교대 가줘!" 받고 싶은 것만 생각하고 주는 법은 모르는 어리숙한 모습! 과연 어린 친구들에게서만 볼 수 있을까요?

꾸준히 동생을 가스라이팅하는 언니가 있습니다. 언니는 항상 동생을 친구의 동생들과 비교했지요. 내 친구 동생은 결혼식 때 이런 선물을 해줬대 하며 무리한 혼수를 요구합니다. 내 친구 동생들은 조카한테 이런 선물을 준다고 말을 전하며 선물을 바랍니다. 동생은 늘 부족하고 잘 챙겨주지 못한 자신이 죄스럽게 느껴집니다. 하지만 그건 동생의 부족함이 아니었지요. 언니의 계산법은 잘못되었습니다. 친구 동생과 자신의 동생을 비교하면서 간과하고 있는 부분이 하나 있었지요. 바로 친구가 자기 동생에게 베푸는 것에 대해서 말입니다. 그들은 서로에게 받는 만큼 또 서로에게 베푸는 온정과 사랑이 있었을 겁니다. 주고받는 관계였겠지요. 하지만 그 부분은 쏙 빼둔 채 받는 역할에만 주목하고 자신도 그런 대우를 받는 게 마땅하다고 믿고 있던 것입니다. 돌이켜 보면 본인 역시 동생에게 해준 것은 별반 없었으면서 말입니다.

이런 경우도 있습니다. 애인을 가스라이팅하는 사람이 있었는데요. 전에 만났던 연인의 이야기를 즐겨 했지요. '이전에 만났던 누구는 가방도 사주고, 구두도 사주고, 지갑도 사줬는데 너는 왜 커피값을 나한테 내달라고 하니? 날 사랑하기는 하는 거니?' 이 말을 들은 당사자는 자신의 무능을 탓하며 괴로워하고 미안해했지요. 이것 역시 올바른 계산법이 아닙니다. 가방을 받았으면 구두를 사줄 수도 있고, 밥을 사주는 사람에게는 커피값 정도는 아끼지 말아야지요. 다른 사람으로부터 받아온 애정을 비교하며 더, 더, 더 요구하는 사람이 있다면 상대 역시 나에게 주고 있는지 확인해 보세요. 돌려받은 게 없다면 거절해도 괜찮습니다.

거절해 본 적이 없는 사람에게는 거절이 참 어렵습니다. 거절에는 연습이 필요하고 연습에는 용기가 필요하거든요. 백온유 작가의 장편소설 《유원》에는 인생 최대 위기의 순간에 큰 용기를 내어 거절을 한 소녀 유원의 이야기가 나오는데요. 유원에게는 특별하고도 가슴 아픈 사연이 있습니다. 바로 죽을 뻔한 위기에서 살아남은 이야기지요.

유원이 아주 어릴 때 집에 불이 났습니다. 어린 유원의 언니는 동생을 살리겠다는 마음에 이불을 적시고 그 이불에 유원을 감싸 창문 밖으로 던졌지요. 우연히 아래에서 지나가던 한 아저씨가 이불을 받아 유원은 목숨을 건지고 아저씨는 그날로 다리를 절게 되었습니다. 그는 유원의 생명의 은인이 된 것이지요.

하루아침에 장애인과 영웅이 된 아저씨는 용감한 시민 상을 받고 유명 인사가 됩니다. 후원금도 두둑이 받아 사업에도 도전하지요. 하지만 도전하는 족족 실패하고 맙니다. 그럴 때마다 아저씨는 유원의 집으로 찾아오곤 했는데요. 돈을 빌려달라 요구하고, 아무 때나 찾아와 잠을 자고, 유원에게 나중에 커서 다리를 고쳐 달라는 술주정을 부리기도 합니다. 그의 실례와 염치없는 태도에도 유원의 부모님은 절절맬 수밖에 없습니다. 딸아이의 목숨을 구해준 은인이니까요. 유원은 그런 아저씨가 싫고 부담스럽습니다. 내가 살려달라고 한 것도 아닌데, 내가 구해달라고 한 것도 아닌데 말이지요. 그러다가도 이내 죄책감이 듭니다. '나를 구해준 아저씨한테 이런 생각을 하다니.'

그러던 어느 날 아저씨는 도저히 받아들이기 어려운 부탁을 합니다. 같이 TV에 출연하자는 이야기였지요. 함께 등산하는 장면을 연출하자는 것이었습니다. 아저씨는 자신의 영웅담을 세상이 계속 기억해 주기를 바랐습니다. 생명을 구한 아저씨와 아이가 성장해서 다정히 인연을 계속해 나가는 장면이 사람들에게 감동을 줄 수 있으리라 기대했지요. 하지만 유원은 싫었습니다. 살기 위해 누군가를 장애인으로 만든 아이라는 꼬리표를 평생 달고 살았던 소녀니까요. 이제는 그 부담감을 내려놓고 싶었습니다. 유원은 고민하고 망설이던 끝에 이렇게 고백합니다. "그때, 제가 너무 무거웠죠. 제 무게를 감당하지 못해서 다리가 으스러진 거잖아요. 죄송해요. 제가 무거워서, 아저씨를 다치게 해서. 불행하게 해서. (…) 그런데 아저씨가 지금 저한테 그래요. 아저씨가 너무 무거워서 감당하기가 힘들어요."

알고 있지만 인정하기 싫었던, 저 때문에 힘들었냐는 말. 그리고, 그럼에도 나 또한 힘들다는 말. 어린 소녀가 이런 말을 하기까지 얼마나 큰 용기가 필요했을까요. 우리는 이런 용기를 낼 수 있을까요?

유원이 용기를 내는 데 든든한 버팀목이 되어준 친구가 있었는데요. 바로 수현이었지요. 수현이는 유원의 가장 친한 친구이자 아저씨의 딸이었습니다. 수현은 자기 아버지가 이상한 사람이라고, 원래도 이상했는데 유원을 구해준 이후로 더 이상해졌다고 말하지요. 유원은 늘 아저씨의 요구가 정당하다고 생각했습니다. 나 때문에 다쳤으니 그 어떤 요구도 당연하다고 생각했습니다. 그런데 수현의 말을 듣고 자기가 틀렸을 수도 있다는 생각을 합니다.

자신의 잘못도 아니면서 죄인처럼 고개 숙이고 살던 아이는 비로소 목소리를 냅니다.

선배가 저에게 무보수로 강의를 요구한 날, 다른 선배에게 전화를 했습니다. 내가 너무 서운한데 내 마음이 잘못된 것이냐고요. 선배는 다 너를 위해서 그랬을 거라고 나쁜 사람은 아니니 너무 속상해하지 말라고 했지요. 제 마음은 더욱 무거워졌습니다. 두 선배가 생각보다 친분이 깊었다는 사실을 알기 전까지는 말이지요.

다행히 다른 동기들과 이야기를 나누면서 그 선배의 실체를 알게 되었고 제 찜찜한 마음이 틀리지 않았다는 사실을 확인했습니다. 그 뒤로 마음이 불편해지는 부탁이라면 상대방의 요구가 옳지 않을 수도 있다는 생각을 하게 되었고, '아니요', '싫어요', '못 해요'를 열심히 외치는 '거절 대장'으로 거듭났습니다.

부탁이 너무 무겁게 느껴지는 순간, 바로 그때 '그 사람이 이상한 사람이야', '그 요구 무리한 부탁이야'라고 말해주는 든든한 버팀목이 필요할지도 모릅니다. 저에게 동기가 그랬던 것처럼, 유원에게 수현이 그랬던 것처럼 말이지요. 이 책이 당신에게 그런 버팀목이 되어주기를 바라봅니다. 그 사람이 무겁게 느껴지나요? 그 사람이 이상한 사람이고, 그 요구가 무리한 것입니다. 당신은 아무런 잘못이 없습니다. 그러니 이제는 용기 내어 거절해도 괜찮습니다.

사이코지만 네가 있다면 괜찮아

    드라마 〈사이코지만 괜찮아〉는 폭력적인 동화작가 문영과 희생적인 간호조무사 강태가 가스라이팅에서 용기 있게 벗어나는 이야기를 다룹니다. 여자 주인공 문영은 동화작가이지만 어딘가 모르게 오싹한 캐릭터인데요. 〈흥부전〉의 교훈은 '흥부는 장남이 아니라서 가난했다', 〈미운오리새끼〉의 교훈은 '남의 새끼 키워봐야 헛수고니 네 새끼나 잘 키워라', 〈인어공주〉의 교훈은 '약혼자 있는 남자를 건들면 천벌을 받는다'라고 말하며 다소 냉소적이지만 현실적인 목소리를 내는 사람이지요. 가지고 싶은 물건이 생기면 반드시 가져야 하고, 하고 싶은 일은 당장에 해야 하는 본능에 충실한 캐릭터이기도 합니다. 그런 문영에게 드러나는 가장 큰 문제는 폭력성이었는데요. 유명인임에도 불구하고 화가 나면 카메라 앞에서 욕설은 물론이요, 날카로운 물건으로 다른 사람을 찌르는 일도 서슴지 않았지요. 왜 이런 사람이 된 걸까요?

문영의 엄마는 사이코패스였습니다. 타인에게 공감을 전혀 못 할 뿐 아니라 타인의 고통을 즐기기까지 했지요. 그리고 자신의 딸 문영을 자신과 꼭 닮은 사이코로 키우고 싶어 했습니다. 그래서 어린 문영을 사랑하는 척 잔혹하게 지배하지요.

문영의 엄마는 딸에게 늘 말했습니다. 너는 나의 최고의 작품이다. 너는 나와 같은 사람이 될 거다. 너는 절대 여기서 벗어날 수 없다. 네 곁에 너를 행복하게 해줄 사람도, 구하러 오는 사람도 없을 것이다. 혹시 그런 사람이 생긴다 해도 내가 반드시 그 사람을 죽일 것이다.

어리고 연약한 문영은 어머니의 말에 세뇌됩니다. 자신은 엄마를 닮은 사람이고, 이 운명에서 벗어날 수 없다는 사실을 받아들이지요. 결국 엄마와 자신을 동일시하고 엄마처럼 사이코 같은 행동을 하기에 이릅니다. 심심할 때는 살아 있는 나비의 날개를 찢거나 날개가 부러진 새를 죽이고, 하나밖에 없는 친구에게 다른 친구가 생길까 봐 따돌림을 주도하지요.

그런 문영에게 강태가 나타납니다. 제멋대로에 공격적이고 파괴적인 문영이 흥분할 때마다 안아주고 토닥여 주고 진정시켜

주지요. 참는 법을 알려주고 공존하는 법도 알려줍니다. 문영은 강태를 만나 조금씩 보통의 사람이 되어갑니다.

사랑하는 사람이 생겼으니 가스라이팅에서 벗어난 걸까요? 애석하게도 문제는 그렇게 간단하게 해결되지 않습니다. 누군가가 곁에 있어주는 것만으로 가스라이팅의 흔적이 마법처럼 사라지지는 않지요. 어린 시절부터 당해온 가스라이팅의 자국은 문영의 마음속 깊은 곳에 자리 잡고 있습니다. 죽었는지 살았는지도 모르는 엄마의 환영이 매일 밤 악몽으로 찾아옵니다. 그런 날이면 엄마가 강태를 해칠까 봐, 자신을 다시 과거로 가둬게 할까 봐 공포에 질리지요.

과거의 악령에서 벗어나지 못하는 문영 곁에 강태는 머물러줍니다. 묵묵히 옆자리를 지키며 문영의 손을 놓지 않지요. 그런 든든함에 문영은 용기를 냅니다. 엄마의 영향력에서 벗어나기로 말이지요. 문영의 첫 번째 도전은 머리 자르기였습니다. 허리까지 내려오는 생머리는 아름다웠습니다. 하지만 안타까운 사연이 숨겨져 있었지요. 문영의 엄마는 인형의 집처럼 아름다운 저택에서 문영에게 공주 같은 옷만 입히고 머리를 빗겨주며 이렇게 말하곤 했습니다. "넌 날 닮아 예쁘니까, 절대 머리를 자르면 안 돼." 문영에게 머리를 자른다는 건 엄마와의 연결을 끊는 행위와 다름없었습니다. 문영은 강태와 함께 자신의 과거를 마주하고 머리를 자르기로 합니다. 그렇게 가스라이팅에서 한 발 빼고 희망을 향해 한 발 내딛기 시작한 것이지요.

문영의 엄마는 문영이 따뜻한 사람으로 변해가는 모습을 참지 못합니다. 문영을 찾아가 강태를 해치겠다고 당장 헤어지라고 협박합니다. 과거로부터 겨우 한 발을 뗀 문영은 다시 가스라이팅의 늪으로 빠집니다. 결국 엄마가 원하는 모습대로 잔인하고 폭력적인 사람이 되지요. 만년필을 들고 엄마를 찔러 죽이려 합니다. 그 순간 강태가 손바닥으로 만년필을 막아냅니다. 피가 줄줄 흐르는 순간, 강태는 말합니다. 너와 엄마는 다른 사람이라고 말이지요.

드라마 〈타인은 지옥이다〉와 〈사이코지만 괜찮아〉 모두 사이코패스가 다른 누구를 목표로 지목해 잔혹한 사람으로 만들려는 시도를 합니다. 〈타인은 지옥이다〉는 끔찍한 결말로 끝이 나고 〈사이코지만 괜찮아〉는 해피엔딩으로 끝나지요. 둘의 차이점은 무엇일까요? 곁에 있는 사람의 역할이었습니다. 강태는 문영을 사랑하고 아픔과 상처를 보듬었습니다. 자신 또한 어려운 상황에 처해 있었음에도 불구하고 말이지요.

강태는 문영의 엄마가 주입한 메시지 '문영은 사이코다. 행복해지지 못할 것이다'라는 말이 틀렸다고 끊임없이 말해줍니다. 가스라이터가 원하는 모습으로 전락하려는 순간마다, 그 늪에 빠지려 할 때마다 손을 내밀고 끌어내 주지요. 너는 엄마의 딸이 아니고 고문영 자체라며 문영의 존재를 존중하고 사랑해 주었습니다. 그리고 안아주며 말하지요. "괜찮아." 드라마의 제목처럼 강태에게 문영은 사이코지만 괜찮은 사람이었습니다.

헬렌 켈러는 이런 말을 했지요. "행복의 문이 하나 닫히면 다른 문이 열린다. 그러나 닫힌 문을 멍하니 바라보고만 있으면 열린 문을 보지 못한다." 관계가 아름답게 지속되지 않을 때, 상대와 나의 관계가 닫혀버렸다고 생각될 때 '왜 저 사람이 저렇게 날 아프게 하는 걸까' 하고 아쉬워하며 아련하게 보고만 있어서는 안 됩니다. 당신을 행복하게 해줄 사람은 또 다른 곳에도 있기 때문이지요. 시선을 조금만 돌리면 그 사람을 발견할 수 있습니다. 그 문으로 들어가면 비로소 행복한 인생도 시작되지 않을까요?

가치 있는 '같이'의 삶

심리학을 공부하고 가르치면서 제게 생긴 신념이 있었습니다. 함께하는 것에 대한 소중함, 그리고 변화에 대한 희망입니다. 진심을 가지고 대하면 누구나 변할 수 있고 그들을 이해하고 함께하는 삶이 궁극적인 목표가 되어야 한다고 생각했지요.

하지만 가스라이팅이라는 주제로 글을 쓰는 내내 저는 혼란에 빠졌습니다. 제가 믿어왔고 가르쳐왔던 모든 것을 부정하는 것처럼 보였기 때문입니다. '사람은 변하지 않는다.' '문제에서 벗어날 수 있는 방법은 단절뿐이다.' 이 말만 반복하고 있었기 때문이지요.

모든 글이 마무리될 때쯤 저는 알았습니다. 가스라이터와의 단절은 고립을 위한 단절이 아니라 공존을 위한 단절임을, 진정으로 '같이' 있는 것의 가치를 찾기 위한 도전이라는 사실을 말이지요. 누군가를 끊어내기 위해서는 또 다른 누군가가 필요합니다. 정서적으로 지지해 줄 사람, 객관적으로 판단해 줄 사람, 현실적인 조언을 해줄 사람. 그들이 있어야 온전한 단절도 가능합니다. 또한 단절된 그 자리의 공허감을 채워줄 사람도 필요합니다. 외로움과 아쉬움, 상처가 회복되지 않으면 익숙한 사람에게 돌아가려는 게 우리의 모습이니까요.

끊어야 할 관계를 끊지 못하면 함께할 수 있는 소중한 관계를 놓칩니다. 적절한 단절은 오히려 더 따뜻한 관계를 새롭게 만들어내지요. 그런 의미에서 끊어내는 것은 오히려 함께하는 가장 빠른 길이 아닐까 생각합니다.

우리의 '같이'가 가치 있기를 소망하며, 당신의 선택이 가치 있는 '같이'가 되기를 응원하겠습니다.

참고문헌

강화길, 《다른 사람》(한겨레출판사, 2021).

———, 《대불호텔의 유령》(문학동네, 2021).

권석만, 《현대 심리치료와 상담 이론》(학지사, 2012)

김리하, 《검은 손길 온라인 그루밍》(크레용하우스, 2020).

김이설, 《우리의 정류장과 필사의 밤》(작가정신, 2020).

마키아벨리, 니콜로, 《군주론》, 김운찬 옮김(현대지성, 2021).

박서련, 〈당신 엄마가 당신보다 잘하는 게임〉, 《제12회 젊은작가상 수상작품집》(문학동네, 2021).

백온유, 《유원》(창비, 2020).

맹건, 크리스틴, 《탄제린》, 이진 옮김(문학동네, 2020).

생텍쥐페리, 앙투안 드, 《어린 왕자》, 김미정 옮김(미르북컴퍼니, 2018).

스턴, 로빈, 《그것은 사랑이 아니다》, 신준영 옮김(알에이치코리아, 2018).

스프링고라, 바네사, 《동의》, 정혜용 옮김(은행나무, 2021).

이수정&김경옥, 《사이코패스는 일상의 그늘에 숨어 지낸다》(중앙M&B, 2016).

정유정, 《완전한 행복》(은행나무, 2021).

정태연 외, 《사회심리학》(학지사, 2016).

조남주, 〈현남 오빠에게〉, 《현남 오빠에게》(다산책방, 2017).

쥘리앵, 모드, 《완벽한 아이》, 윤진 옮김(복복서가, 2020).

천성문 외, 《상담심리학의 이론과 실제》(학지사, 2015).

최은영, 〈당신의 평화〉, 《현남 오빠에게》(다산책방, 2017).

───, 〈먼 곳에서 온 노래〉, 《쇼코의 미소》(문학동네, 2019).

───, 《밝은 밤》(문학동네, 2021).

켄트, 민카, 《내가 너였을 때》, 공보경 옮김(한스미디어, 2020).

패리스, B. A., 《브레이크 다운》, 이수영 옮김(arte, 2018).

───, 《비하인드 도어》, 이수영 옮김(모모, 2021).

프티콜랭, 크리스텔, 《당신은 사람 보는 눈이 필요하군요》, 이세진 옮김(부키, 2018).

한규석, 《사회심리학의 이해》(학지사, 2017).

한정현, 《줄리아나 도쿄》(스위밍꿀, 2019).

황정은, 《일기》(창비, 2021).

APA, 《정신질환의 진단 및 통계 편람(DSM-5)》, 권준수 옮김(학지사, 2015).

이토록 치밀하고 친밀한 적에 대하여

나를 잃어버리게 하는 가스라이팅의 모든 것

1판 1쇄 발행 2022년 1월 17일
1판 2쇄 발행 2022년 5월 4일

지은이 신고은
펴낸이 이봉우

책임편집 김초록
콘텐츠본부 고혁 김지용
디자인 이영민
마케팅본부 송영우 어찬 윤다영
관리 박현주

펴낸곳 (주)샘터사
등록 2001년 10월 15일 제1-2923호
주소 서울시 종로구 창경궁로35길 26 2층 (03076)
전화 02-763-8965(콘텐츠본부) 02-763-8966(마케팅본부)
팩스 02-3672-1873 | 이메일 book@isamtoh.com | 홈페이지 www.isamtoh.com

ISBN 978-89-464-2204-9 03180

• 값은 뒤표지에 있습니다.
• 잘못 만들어진 책은 구입처에서 교환해 드립니다.

샘터 1% 나눔실천

샘터는 모든 책 인세의 1%를 '샘물통장' 기금으로 조성하여 매년 소외된 이웃에게 기부하고 있습니다.
2021년까지 약 9,400만 원을 기부하였으며, 앞으로도 샘터는 책을 통해 1% 나눔실천을 계속할 것입니다.